陈式太极拳推手与拿法

陈照奎 传授
妥木斯 编著

中央民族大学出版社
China Minzu University Press

图书在版编目（CIP）数据

陈式太极拳推手与拿法 / 妥木斯编著 . -- 北京：
中央民族大学出版社，2019.2（2022.8 重印）

ISBN 978-7-5660-1592-1

Ⅰ . ①陈… Ⅱ . ①妥… Ⅲ . ①陈式太极拳—推手（武术）
Ⅳ . ① G852.11

中国版本图书馆 CIP 数据核字（2018）第 278523 号

陈式太极拳推手与拿法

编　　著　妥木斯

责任编辑　吴　云

版式设计　阿　纳

出版发行　中央民族大学出版社

　　　　　北京市海淀区中关村南大街 27 号　邮编：100081

　　　　　电　话：68472815（发行部）传真：68932751（发行部）

　　　　　　　　　68932218（总编室）　　　　68932447（办公室）

经 销 者　全国各地新华书店

印 刷 厂　北京鑫宇图源印刷科技有限公司

开　　本　787×1092　1/16　印张：14　彩页：14

字　　数　180 千字

版　　次　2019 年 2 月第 1 版　　2022 年 8 月第 4 次印刷

书　　号　ISBN 978-7-5660-1592-1

定　　价　138.00 元

　　陈王廷（1600—1680），字奏庭，陈式太极拳奠基人。河南省温县陈家沟人，为陈氏第九世。幼年兼习文武，武功彰于当世。其时，为明末清初，社会动荡，盗匪亦盛，陈王廷曾任温县"乡兵守备"，得到过恩赐。后隐居乡里，读书研拳，并传授于子孙后代。一般认为，陈王廷为陈式太极拳的第一位奠基者，其传授的各种拳械功夫为陈式拳术体系的雏形。温县县志及陈氏家谱中载："陈王廷在明末拳术已著名，于拳术更加研究，又多有心得，代代相传，成为独特之密。"因年代久远，陈王廷遗存著作甚少，仅《拳经总歌》《长短句》等几种，而《长短句》辞中"到而今，年老残喘，只落得《黄庭》一卷随身伴。闲来时造拳，忙来时耕田，趁闲余，教下些弟子儿孙，成龙成虎任方便……"等句，向来被视为陈王廷研创陈式太极拳的情景写照。陈王廷重视以阴阳之理入拳械套路，强调导引、吐纳之术的健身作用，推进了武术养生的发展。由于吸收了道家养生术的精要，开阔了武术内功的演进天地。

颍川氏九世祖陈奏庭先生自赞辞

敦富幸破坚执锐挤汤群氛毁次颠险蒙恩赐枉延

然对而今幸老残喘口落得黄庭一卷随身伴问来

时逐拳忙来时耕田趁余闲教下些弟子兑孙成龙

成虎狂方便欠官粮早完要私债即还诵骄血用忍

让为夫人，笑俺憨人，笑俺颠常法耳不弹冠笑

煞邺万户诸侯竞、菜；不如俺心中常舒泰名利

亲不贪赤透机关识破邯郸陶情于口口盘桓于林

泉成也无干败也无干谁是神仙俺是神仙

右係九世祖奏庭公所遗自赞辞口口二字有毁作全梁者有吃为鱼鸟二爻

师古人阙起之意書作口口以待考訂誰是神仙俺是神仙有改為不是神仙

誰是神仙今依原文以补其真

畫像為家祠所藏庚午重付装池瑞生者即吾

九世祖奏庭公執刀劈竹主者乃蔣八師先生也

十七世孫子明陈栋敬诔

颖川氏九世祖陈奏庭先生自赞辞（子明陈栋敬诔）

六封四闭（陈发科演示）

陈发科（1887—1957），陈式太极拳大家。河南温县人，为陈家沟陈氏第十七世孙。其曾祖陈长兴、其父陈研熙皆陈式太极拳名手。陈发科幼承家学，训练刻苦专心，较为全面地掌握了陈式太极拳的技理体系，成为一代名家。由于其本身的实践基础深厚，故透彻掌握了陈式太极拳的教学规律，成为近代武术史上杰出的教育家。1928年，应邀赴北平传艺，使陈式太极拳迅速在社会上流传开来，奠定其全面发展的基础，为太极拳的发展做出了较大的贡献。当世习练陈式太极拳的众多支脉，许多都是由陈发科弟子所传承。学生中多有彰显者，代表人物有陈照奎、许禹生、沈家桢、顾留馨、冯志强、洪均生、李经梧、侯志宜、雷慕尼、孙枫秋、田秀臣、陈豫霞等。

陈照奎（1928—1981），陈式太极拳名家。河南温县陈家沟人，陈发科之子。受得父亲传，得陈式太极拳精髓。应邀外出授拳，辗转于北京、上海、广东、江苏等地，开班逾百期，培养了众多太极拳人才，成为近代推广陈式太极拳极有力的代表性人物之一。曾撰写过大量文字资料，部分资料已由后人整理出版。子陈瑜为当代太极名流。著名弟子有陈瑜、陈小旺、陈正雷、王西安、朱天才、张茂臻、妥木斯、马虹、杨文笏、张其林、海玉清、王长海、万文德、张才根、凌志安等。

青龙出水（陈照奎演示）

背折靠（陈照奎演示）

妥木斯与恩师陈照奎

陈瑜与父亲陈照奎

陈瑜（1962— ），陈家沟陈氏第十九世嫡宗传人，祖籍河南温县陈家沟，现居北京。七岁随父习练家传拳技。在父亲陈照奎严格要求下潜心习艺，日练拳10遍以上，将拳法与技击相互贯通。父亲去世后，他意识到肩上担子沉重，于是闭门苦练达三年之久，功夫已臻上乘。在继承、发扬及推广家传陈式太极拳功夫架上做出了卓越的贡献。1989年，应邀到河南驻马店授拳，自此为弘扬太极拳而不惜辞去工作，职业授拳至今，国内外弟子众多。2006年，创办了陈瑜太极网，先后出版了《家传陈式太极拳功夫架一路89式》《太极人生》《入门套路28式》《家传陈式太极拳功夫架一路89式彩图集》，并录制了10多套影像教学资料。

雀地龙（陈照奎之子陈瑜演示）

中盘（陈照奎之孙陈世武演示）

单鞭（妥木斯演示）

掩手肱捶（妥木斯演示）

青龙出水（妥木斯演示）

击地捶（妥木斯演示）

懒扎衣（妥木斯演示）

六封四闭（妥木斯演示）

妥木斯练习太极拳

妥木斯给外国友人演示八卦掌

1993年，妥木斯传授陈式太极拳

2009年，在内蒙古陈式太极拳年会上

2010年，在内蒙古陈式太极拳年会上

2013年，在内蒙古陈式太极拳年会上

序

我的父亲陈照奎先生系陈家沟陈式太极拳第18世传人，自幼随爷爷陈发科学祖传拳艺。如果说爷爷发科把陈氏家传的太极拳从陈家沟一隅之地传至北京，那么父亲照奎把此拳传于北京、上海、南京、陈家沟、郑州、石家庄、焦作等地，其足迹遍布黄河内外、大江南北。他呕心沥血、精心育人，培养弟子数以千计。如今，他的众多弟子已将此拳发扬光大，远播世界各地。

著名蒙古族画家妥木斯先生是父亲照奎先生的学生之一，从1971年开始跟随父亲系统学习陈式太极拳。由于妥木斯兄有着练习其他拳种的基础并善于从原理上思考问题，深得父亲的喜爱，经常来家里学习家传陈式太极拳推手与拿法。在学拳期间，妥木斯兄给父亲完成两套推手资料，一套是他和父亲一起演示的160余幅陈式太极推手技法黑白照片，另一套是妥木斯兄根据父亲资料手绘的陈式太极拳拿法推手技法的340余幅线描动作图，这是目前保留的父亲照奎先生唯一亲自演示的珍贵资料，也是学习陈式太极拳推手和实践的极珍贵的瑰宝。

多年来，妥木斯兄在内蒙古呼和浩特市成立"内蒙古陈式太极拳研究会"，广泛传授父亲的"陈式太极拳"和"推手"，其学生多达千余人。如今已达86岁高龄的妥木斯兄为纪念恩师陈照奎先生诞辰90周年及其武学精神，以当年和父亲拍摄的图片和自己绘制资料为基础编写《陈式太极拳推手与拿法》一书。这两套资料几十年来从未公开，此次发表也是完成父亲生前的遗愿，相信此书的出版，对于家传陈式太极拳的传播与推广会起到极大的推动作用。

陈 瑜

2018年10月于北京

前　言

　　这些太极拳推手资料是1971年陈照奎老师和我拍摄的，今以画家角度发表，其意义已超过资料本身的含义。

　　太极拳伴随我半个多世纪，开始接触是1951年，1959年正式和杨式太极名家崔毅士老师学杨式架，1971年和陈式太极大师陈照奎老师学拳。

　　太极拳及太极文化对我的影响是由浅入深、由表及里、由零到整，使我无论在做人还是作画方面都有很深的太极烙印。记得在"油画百年"拍摄时，主持人撒贝宁问我太极拳对画有什么影响，我说："没什么影响!……但改变着我的审美取向，使我全心全意地喜欢和追求'静'的境界。我的作品基本上是宁静的意境。"

　　中国的内家拳大都主张由静入手求功夫，这些拳都要求由站桩入手。太极拳讲"静极生动，动犹静"，即由静入手又回到静。静极而动，是内家拳内功的练法。所谓"……清静无为，无为气行，气行乃动"。这个功是由静极而产生的，动起来有点自发动的味道，但受意念支配，在这种情况下练出的拳，是真正的"用意，不用力"产生的。"用意，不用力"，指的是练法。

　　武术的搏击，是训练人的反应能力。一般人在受到攻击时都会快速做出反应，很难符合拳理。练拳和推手训练是培育人的符合拳理的反应，而不是背熟用什么招破什么招，那是舍本求末的，还经常不实用。

　　太极推手是一种训练手段，也是一种体育活动项目。开始学推手时很容易，但必然会更多地注重手法。到一定时间后会更多地注重动法的训练。双方彼此肢体接触，只要对方在动，就可以找到动法上的正确回应，这个过程是训练懂劲的过程，提"懂劲"而不提"懂招"，这是前辈们早就成熟了的训练阶段。

　　按陈式太极要求，从身到手都要做旋转、缠绕动作，而且养成习惯。一旦接触到外力，接触处就要做转动，同时全身配合。做大小不同的各种旋转动作，以控制对方。陈照奎老师所教的控制，实际上不是结束，而是使对方失去反抗能力。在拍摄时，我经常被控制到无法反抗，便赶快喊："不能动啦!"陈老师便撒手。动作的还击，绝不是打中重心，使对方向后跳几跳退走。

陈老师在推手中精于拿法。拿人关节，通过关节达到拿动路，配合全身攻击，使对方倒地或失去活动能力。本书中所载拿法推手，就是老师与我依据135张小照片放大后绘制的。说到拿法，我想起在老师家里时，谈起呼和浩特有精于拿法的老拳师教我"秀女抱金瓶""铁拐李抱葫芦"，大致都是被人抓拿后的反制手法，是长拳大小金丝缠腕的变化。说是没有破的绝招。老师听后笑了笑说："没那回事！"他让我演示。老师抓住我手腕，我落实那些拿法，第一次老师手一抖，把我扔到床上。第二次顺动一走，把我摔倒在地上。老师说："许多招法都是相生相克的，哪有没破一说。"拿法推手资料不是我参与的，因此，我无法做解释。我发表这部分资料是抱着推广、弘扬陈式太极拳的目的，以慰藉四十七年前辛勤教授我的、逝去三十多年的老师陈照奎。

太极拳讲"气宜直养而无害，劲以曲蓄而有余"。这是对练内功及其运用的要求，即绝不可以殚精竭虑，使用与储备不要片面，都应留有余地，亦即"无过与不及"。在作画时不偏执，以致伤害内容与形式的某一方面，这是我作画所遵守的原则。太极推手是一种训练手段，不是性命相搏。因而，遵守了要打击效果而不伤人、注重劲法而不拘泥于招法的原则，在此基础上，各种技艺才能得以发挥与发展。

陈式太极拳练习时需要做到方圆相生、刚柔并济、快慢相间，动作不是一味地讲究柔软、缓慢，以及画圆圈。其中包含了节奏、力度、韵律等绘画与书法的规律。

推手的许多技巧是利用摩擦力完成的。因此，赤膊推手不应提倡。如果人在大汗淋漓的情况下，要在双臂上涂凡士林，这时推手只能生打硬踢，裤子也应该穿上。

资料中有部分动作是固定格式的，俗称"打轮"，其余大部分是各种控制动作的技能。

从锻炼身体和搏击方面来看，陈式太极拳的学习及研究价值较大，现在国际上也比较流行，西方没有这种运动方式，对本书资料的需求会很强。

妥木斯
2018年9月于北京

目 录 >>

陈式太极拳推手

陈照奎、妥木斯演示

1971 年拍摄

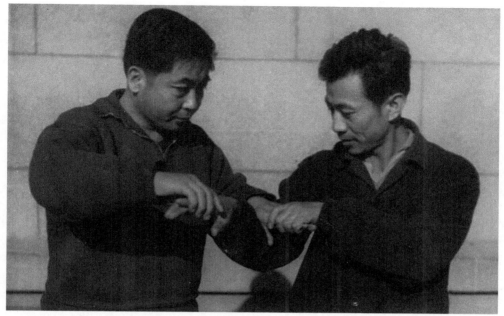

1.图1至图51是往复循环练习程式化的推手套子，训练听劲、答劲，最后到懂劲。练的是反应，或感觉。图47以前的图示为大将动作演示，有进有退，基本原则：将哪只手，动哪只脚。

2.我攻，老师反击。攻：双臂旋转，向前掤住，挤出。反：右手拧转，左肘下沉。

3. 我为攻，老师反击。反：右手撤，附于对方左肘，左手握住对方左手。攻：我右手抅住老师左上臂。

4. 我左转身，右手立肘切在老师上臂处，向左将。老师松肩，右手搭在自己大臂上，握住我右手指。

5.老师变成双臂旋转，向我挤来。我之右肩极易上浮，腕被拧合手，肘不易落下。及时松开肩部，尽量下沉。

6.我为缓解右腕疼痛，及时用左手推按老师之右肘部。

7. 老师向右捋我右臂，我被捋之手握住老师右手。

8. 我右手稍向前进，向上弧形拉起，准备撤右步。

9. 我撤右步，老师进右步。

10. 不停，我撤左步，老师进左步，两人在外面的手由下向上翻起。

11. 第二步，我撤右步，老师进右步，右脚插入我裆中，并以肘贴靠我肘，我左手合回，以小臂贴老师右大臂，老师左手握我左手指部。

12. 这一组捋也是三步，但是走圆圈，其他和前面动作一样。

13. 我右臂被捋，抽右脚向内进半步。

14. 我向右上左步，老师上右步。（盖步）

15. 我上右步（盖步），老师上左扭步，我的眼神当看老师。

16. 我上左步，老师上右步，插入我裆中，我以左肘贴住。

17. 捋我左臂。

18. 两人都偷步，捋左臂。

19. 老师撤左步，我上左步。

20. 我上右步，老师撤右步。我右手搭在老师左臂，老师右手拿我右手，完成。

21. 我将老师右臂，老师右手握拿我右手指。

22. 老师右臂提带而起，将我右臂，我撤右步，老师上右步，不停，我再撤左步，老师上左步，我再上右步，踩入老师裆口，和老师左腿贴住。

23.老师左手搭住我右臂，我抓住老师左手指，完成。

24.换成捋左臂，我捋。

25. 老师左臂提起，撤左步，捋我左臂。

26. 手合回，老师右手搭我左臂，完成。

27. 扭步大捋，上臂和前面一样，只是步法是扭步，都是右、左、右。

28. 两人都上左步，我横上，老师扭上。

29. 脚部套插，手合住。

30. 捋左臂，步法为左、右、左。

31. 我被将，两人都动左步。

32. 两人都动右步所成之式。

33. 手合住，老师上左步，我退左步，所成之式。

34. 另一组，步法为右、左、右，捋我右臂。

35. 我上左步，老师撤左步。

36. 老师进右步，我左步插到老师右腿内侧。

37. 捋我右臂，我上右步，老师撤右步。

38. 我向左拧转上右步，老师撤右步。

39. 双扭左步，横上右步。

40. 我右步插到老师左脚内侧，老师以肘贴顶，手合住。

41. 走中心小圈，我捋老师左臂。老师撤左步，我转摆右脚，上左步。

42. 老师扭撤左步，我撤右步，老师上右步插到我左腿内侧，我以肘贴顶，手合住。

43. 变成捋我之左臂，完成。

44. 这一组是四正推手，我按，老师掤。

45. 将我左臂。

46. 我挤，老师按。

47. 我以左手拘老师右上臂。

48. 上式之另一侧演示图。

49. 本图以下都是向劲、答劲、进攻、反攻所用的技巧动作演示。此式为我双手攻老师双肘关节，老师以双手分别托住我双肘外部。

50. 老师身微左转，上下合。

51. 老师身下降，双手将我端起，向任何角度都可以把我扔出去。

52. 攻：双手攻对方双肘关节。反：身合住，左转，左抱进攻者的肘关节外侧，右手由攻者的大臂上部的下方向上抱。

53.反：身体下潜，以左肘为支点，左右手为力点，形成杠杆，把我捯劲撬起。此时，我沿重心移动，则顺劲打之，可扔出。

54.攻：双手攻对方双肘部。反：身左转，左手由对方小臂内侧翻起，贴于小臂上，右手由对方上臂下方上抱，双手臂形成捯劲。

55. 老师右转身，以捌劲，左上右下控制我右臂，向右下方使劲，我即栽倒。

56. 攻：双手攻对方双肘部。反：身稍左转，右手握拳，由外向里采下，左手握拳，以腕背拥起对方腕部，上下对拉。

57.老师腰身右转，双把采下，继续使劲则我倒地。

58.攻：双手攻对方双肘关节。反：双臂由内横臂掤起。

59. 老师双臂上弹，我双手被扔在空中，老师双掌击我胸部，发出。

60. 攻：双手攻对方双肘关节。反：身右转，右臂顺劲后引，使我左臂前伸，身体偏斜。若顺势下採右手，左手上抬，双手右下左上绞住，则可倒地。

61. 攻：双手攻对方双肘关节。反：身合住，微右转，左手由下向上握住对方小臂，右臂后带。

62. 老师身体继续右转，右手插在身后，丢开我前推的左手，左手拧转，合住，贴自己身体，使我右臂反屈，前带横推，则我倒地。

63. 攻：双手攻对方双肘关节。反：身稍右转，右手和左手同时一上一下形成力偶。

64. 双手交叉合回。

65. 双手绞劲合住，我已重心前倾，若双手弧线打下，则倒地。

66. 攻：双手攻对方双肘。反：右手上抬，以肘关节夹住我左手，左手抬起握住我右肘关节。

67. 老师身体合住前倾，双手旋转至我肘部上方，双肘掤起，把我劲路拿住。

68. 左手向下，右手向上，绞劲翻起。

69. 老师身体左转，左手抓牢我右肘，右手弧形绞下，我已左手触地，横打，则卧倒在地。

70. 攻：双手攻对方双肘弯处。反：身微左转，上下合住，同时右手由对方大臂下部上抅对方大臂根，左手向背后引对方右手，使其右手前探，重心偏斜。

71. 老师突然右转身，左手穿入我小臂内侧，配合右手抅拿我右臂，用捌劲，使我向自己左前方倾斜，重心随之左前移。

72. 老师左手翻把擒住我右小臂，右手配合左手向其右下方捌劲打下，则我摔倒在地。

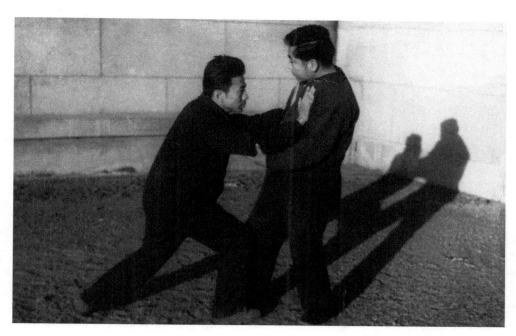

73. 攻：双手前推对方胸部。反：双手由下方擒住攻方的肘关节，身体合住。

74. 老师右手高，左手低，身稍右转，手、胸合住劲。

75. 上式之另一侧演示图。

76. 掀翻在地。

77. 攻：双手推对方胸部。反：身稍右转，双手抓控对方双肘部，左臂高、右臂低。

78. 老师右转身，分开双臂，逼使我重心向后去。

79. 我想恢复重心，向右后移，老师突然左转腰，双手换位，成左手向下、右手向上之式。

80. 老师左手撒开我右臂，反手搂我腰部，右手移到左肩，下采，双手绞劲，身体前拥，我仰跌。这是一组完整的螺旋劲法。

81. 老师以双臂横抱于胸前，我双手握其肘部，前推。

82. 老师突然身微左转，双手分带两边，手竖起，我已重心偏失。

83. 老师右手落下，按住我右肩、颈部，配合左手捌劲打出。向右下方转腰，我则前扑倒地。

84. 攻：双手握拿对方双肘部。反：右转身，右手由外、左手由内握控对方左臂。

85. 老师右手贴我左臂外侧，和左手成绞劲，返拧、捌下，我向前扑倒。

86. 老师右手由我左臂下方插入到背部，左臂被老师折成别翅，只要施加压採之力，则我倒地。

87. 动作同上图，本图更加清晰一些。

88. 右手前移探到对方大臂根，向左合扣。

89. 採打，摔倒。

90. 攻：左手握推对方肘部，右手攻其腰部。反：身上下合住，右手托攻者之左肘部，左手由外擒对方右肘合回。

91. 上式之另一侧演示图。

92. 双手交叉右上左下，捌劲合住。

93. 继续绞翻。

94. 双手绞合，向左带。

95.突然变劲，向我背后使劲。

96.老师右手换把，从我肘弯处抅下，掌变锤在肘部顶压，同时整个身体挤压到我身上，我倒地。

97.攻：左手攻对方腋下，右手攻对方左肘。反：稍右转身，右手截劲採下，左手由对方腕部外侧翻把扣住。形成右下左上的捌劲。

98.攻：双手攻对方双肘。反：左手由下向上搠起，右手由里向上扚住对方肘部，身左合。

99. 左手上掤外带，右手扚回，身向左转，我被拔起，重心向右前倾去。

100. 上式之另一侧演示图。

101. 双手绞合，向左使劲，则我被掀倒。

102. 双手下合，採下、绞住。右手从我左臂下插入，与左手合住劲，下一步就倒地。

103.攻：左手攻腋下，右手攻肘关节。反：左掤，右合住。

104.老师身左转，左手变拳，以拳背向下採劲，右手攻我左大臂，双手绞劲，
成捌劲。

105.上式之另一侧演示图。

106.绞合、前带、侧发，都可以使我倒地。

107. 攻：左手腋下，右手肘部。反：左手翻起，擒住对方右手肘关节，右手
拘圈对方左臂肘后部。

108. 双手绞合，控制。

109.攻：左手腋下，右手肘部。反：右转身，同时右手拘住对方颈部，左手托起对方肘部。

110.攻：左手入对方腋下，右手推其肘弯处。反：左手抓托对方右臂之肘部，右手回带。

111. 利用我后挺之劲，右手变推压左肩下採之劲，重心前攻，我坐地。

112. 攻：左手攻对方腋下，右手攻其肘部。反：身稍左转，右手插入我右腋下，左手合回，迫使我右臂伸直，双手向上掤起。

113. 攻：左手攻对方腋下，右手攻其肘部。反：身稍左转，左手由内挪起，右手以拳由对方上臂外侧下方顶入至其肋部。

114. 上式之另一侧演示图。

115. 上劲不停，左手由外落到对方肘部以下抱回，右手插入对方腋下变掌横抱至其背部。

116. 右肩前靠，左手回搂，倒地。

117.攻：左手攻对方腋下，右手攻其肘部。反：身左转，右臂松肩，向上抬举，左手仰掌卡住对方肘部。

118.右手落至对方肩后侧，左手擒住其肘关节向里合住，捌劲打出，倒地。

119. 双手攻对方双上臂，双手仰掌擒住对方双肘部，合住掤起。

120. 身左转，右手抅住对方颈部。

121. 左手握拳由对方小臂下方捌起，右手回拘，使其头部贴住攻击者的胸与上臂处。左高右低。

122. 上式之另一侧演示图。

123. 攻：双手擒住对方腕部。

124. 反：身稍左转，右手由下向上擒住对方小臂近腕处，左手屈腕，以腕部顶贴其掌指，与右手合住。

125. 右手前伸到对方上臂根部，左手反擒对方手指，向前伸开，将对方右臂拉直。

126. 捌劲下採，右转腰。栽倒。

127. 攻：双手擒对方双腕。反：双手由外侧旋转而起，贴住对方手腕外侧。身左转，双手右高左低，合住。

128. 右手向下，左手向上绞住。

129.攻：抓双腕，前推挤。反：身左转，回引。

130.右腕向前，左臂屈起，沉肩、坠肘，置于左胸前贴住。

131. 右手由上向下，左手配合右手成绞势。

132. 身右转，继续绞。

133. 我用右肩靠法。

134. 老师顺靠将开。

135.右手前伸，斜搭于对方左肩、胸部，左手向下抱其腰下部，双手一推一拉，身体下潜，靠在对方右肋部，重心前倾，右手和左脚合劲，倒地。

136.攻：双手攻对方双腕。反：左手平肘提起，以腕部顶贴对方手指，右手拧起，立肘前攻。

137. 合住。

138. 左手由下翻起并擒住对方手掌外缘，右手返腕以掌直冲对方胸部，左腿蹬劲。

139. 攻：双腕部。反：左下右上，交叉打出。

140. 攻：双手伸入对方腋下，前推。反：双手由内侧突然穿起，肘下垂，把对方双手锁住，身左转。

141. 双手同时按住对方右臂，上身前倾，此时锁拿对方双手不可松开。

142. 下压、前推、倒地。

143. 仰面跌倒在地。

144. 攻：双手由外侧推按对方双肘部。反：身左转，双手同时抬起，双手一里一外成合抱之势。

145. 右手回抱，左手小臂前倾于对方腕部，将对方之臂横贴于自己胸前，双手成捯劲。

146. 以捯劲向右后方打下，左手前推对方小臂，使其弯回，彼右臂呈别翅形。

147. 双手配合，将对方手臂控制在其背后，下採，翻倒在地。

148. 攻：双手攻对方双肘部。反：身左转，左臂向右臂带引，右手插入对方大臂下方，上抅抱回。

149. 上式之另一侧演示图。

150. 右手下採，使倒地。

陈式太极拳拿法推手

妥木斯绘于 1971 年

第○手．单肘拿法．（甲）

单推手时用之，掌心向外，掌中常寓拿人腕部之意。对方前推按拍其时．我则抓其腕．反其关节．同时以肘向下缠其小臂。
此式为待机放拿之像。

图 1

此式是缠肘之一剎那，肩不可抬起。手不可招开。腕要松活。

图 2

肘落下．己有裹拿之像。

图 3

沉、上下相合、己拿住之像。

拿法常有被拿着时放拿之用法，动路与式一样。
可谓一肘拿双翻盘。

图 4

步法是随式而见。此式乃是生人身外、走侧位
拿法。

图 5

O.乙.

此式是由月挣拿遊走之破法、解法。生彼
之拿法尚未完成前、乙在发力中、借彼走成之。

图 6

乘势向彼身挤抓而去。得势借彼向裹之
劲向发之。

图 7

向前发去。可走上、下两路劲。

图 8

发劲，托起而有推摧之。

图 9

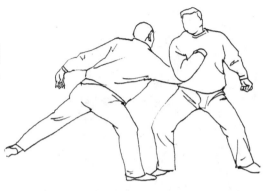

上步之发，彼退步拿我，则乘机上步而以荷腿发之。

图 10

上步法，发劲。

图 11

0.两.

在彼缠合肘时，乘机向其背后反其肩关节，则彼无法使劲。

图 12

重心前去掉住他。

图 13

随以向上发劲。

图 14

发起之像。

图 15

O.J

用掤肘劲上抬其肘，使其劲落于下。同时抓拿其腕部之手乙按主其掌上，向彼之肩部上方托去，垂要压下，而胃操下，胸中合住劲力。

图 16

084

压下之像。（同时上公步）
此式亦可上右步，进至绷之右腿以他1，以锁
其腿，使又行你退，垂腿与手部成力偶
之反劲，跌之。

图 17

人从反面看之像。

图 18

继续往下压，腕要扣，肘下探。

图 19

0.戊

向自己之右後带之，使其前倾跌出。
可向上及下两个方向。

图 20

0.己.

以尺骨、肘部．压迫其腕部．向前发去．
络能跌出。

图 21

0庚

以披之另一肩部直指而去。亦可引上、下而向
之动。

图 22

0.辛.

扮．得機而发也。

图 23

0.壬.

以手擒精．反折之．並以肩向前挤去．
手縮向帯．反腕与肘之关節。

图 24

擒住。

图 25

图 26

第一手 仍名单手。此手内有肩打之，另有肘脉等。

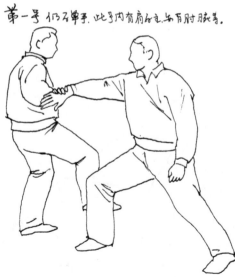

图 27

本式三幅。今藏其二。三另向下含劲，把又才以揉劲打倒。

图 28

1. 乙.

图 29

此式有三帽.今取其①5四.②石中向让
张之式。

图 30

1. 丙.

图 31

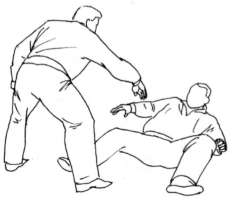

图 32

1.丁.

图 33

图 34

本式共帽.第四帽又发云志小一刹那。

图 35

1.戊

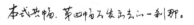

一方里靠.一方射靠。

图 36

双方都想用肩靠，而相持。

图 37

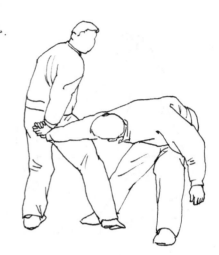

1.己.

图 38

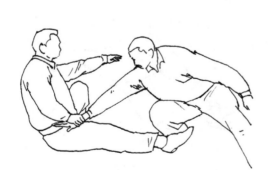

本式有三帽.中帽为过波.被搂之右手为
捏拳.左手为向心平伸.气口略于此帽.

图 39

1.庚.

图 40

图 41

本式共四幅，第四幅系连续向外下搬动。
此幅系上幅之待图，无不同的角度。

图 42

1. 章

近身偏为主动务，压下。

图 43

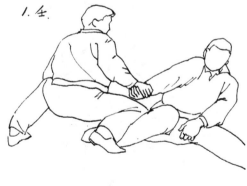

1. 壬.

图 44

1.子.

图 45

图 46

1.丑.

另外之右手牵之令相靠住，抓腕而发之。

图 47

1.寅.

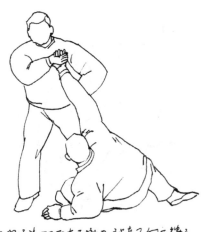

此式之照先为双方右手打散开，站者为何下揽之拳形。倒者之肱开之半振拳形。隔师之忍为此式之功作。左手乃拥月，何上合。

图 48

092

第2部分. 肩肘.靠背部.单手拿.
(一)

拿腕.找肘.顶右胸.

图 49

图 50

坡出.

2. (二)

肩部发动.

图 51

图 52

图 53

（三）

背养发动.

图 54

拔击.

图 55

2.（四）

拾肘.

图 56

094

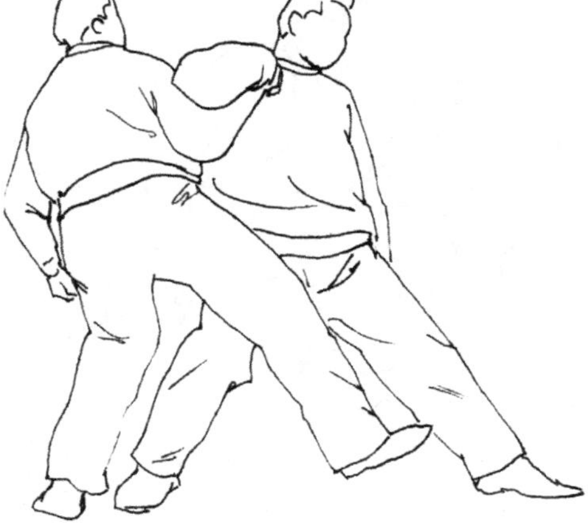

图 57

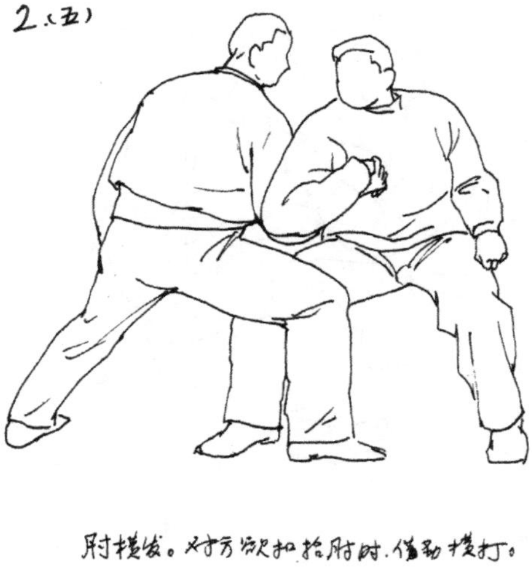
2.(五)
肘横发。对方欲扣抬肘时，催动横打。

图 58

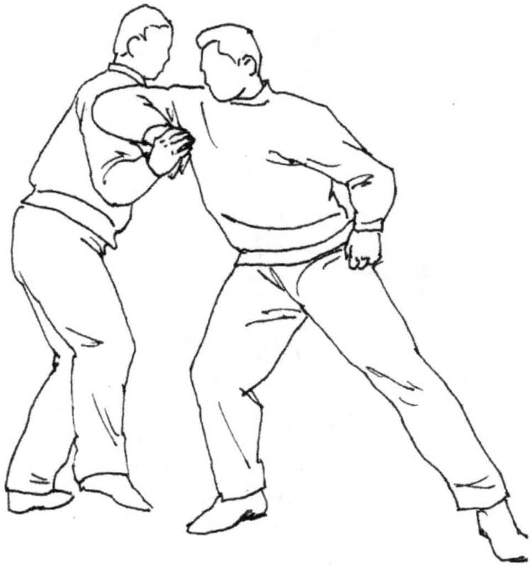

图 59

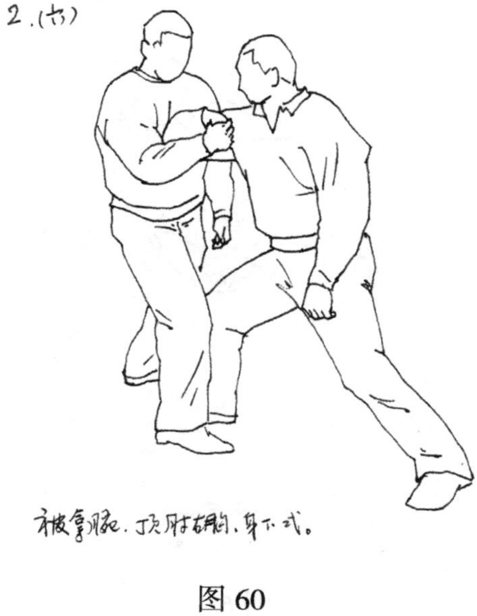
2.(六)
被拿腕，顶肘胡胸，身下式。

图 60

图 61 图 62

2.(七)

眼. 打肩. 肩打里外靠.

图 63

图 64

(八)

图 65

發力。

图 66

2.(九)

丁頁右肋.

图 67

回带拿把.

图 68

2.（十）

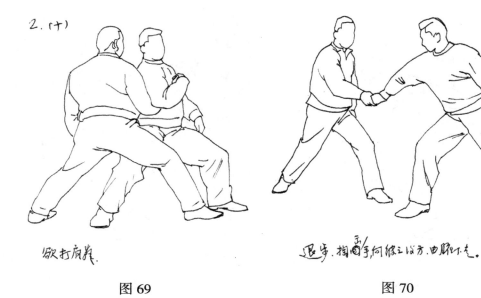

欲打肩靠.

图 69

退步.捎肩手向後上方.由臂下去.

图 70

2.（士）

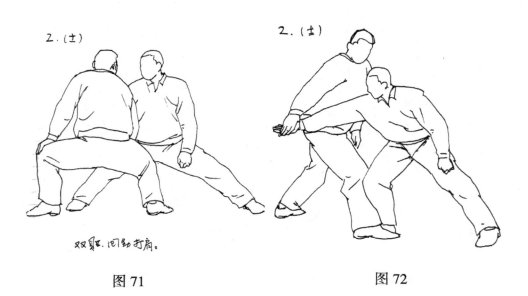

双跟.回劲打肩.

图 71

2.（士）

图 72

下身打肩靠。

图 73

收胯。

图 74

2.（四）

由内贴而抬肘。

图 75

2.（五）

打搂。或抽拾想发玉。

图 76

第三部分：双手擒拿。

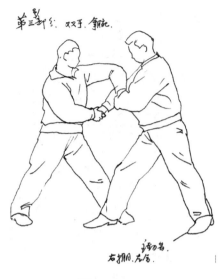

右抓肩，左后。
主动者。

图 77

主动者，下压，右手将反其肩，以此控脱肘部
复制。

图 78

3. (二)

图 79

3. (另一手)

压。

主动者
左手快将反。

图 80

100

3. (四).

图 81

图 82

3. (四)

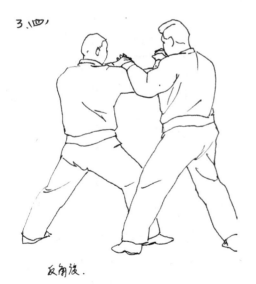

图 83

图 84

3.(五)

拿肩肘关节。好访如松不了则拿死。

图 85

图 86

3.(六).

与国小相版。

图 87

如不一气松肩摇去. 一气抓版。

图 88

3.(七)

图 89

七②.

图 90

3.(八)

此人石腿动,向左方跌去。(原石後搬而後捧)
(可搬二式)向左下捧去。其右手先会之.
双名捧下更不就差。

图 91

3.(九)

可搬此1②.

图 92

103

3.(十)

褡搂曲顺退
左步尖拨。

图 93　　　　　　　　　　　图 94

3.(十一)

右引捋，摔回去。

图 95　　　　　　　　　　　图 96

图 97

3.(十三)

图 98

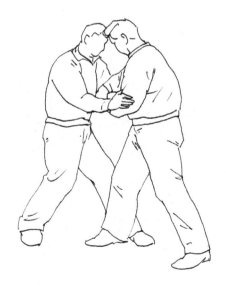

图 99

3.(十三)

图 100

图 101

图 102

图 103

图 104

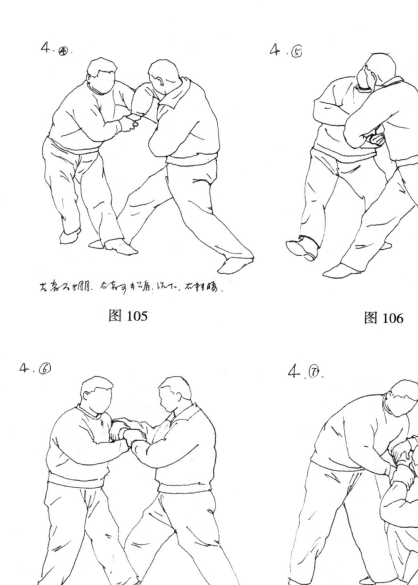

4.④

左者不撒朋。右者可招肩。忧下。右手睡。

图 105

4.⑤

图 106

4.⑥

图 107

4.⑦

图 108

4.⑧

右手可加下，再以入脱化。

图 109

4.⑨

9.10.11.为一组拿三解。

图 110

4 ⑩

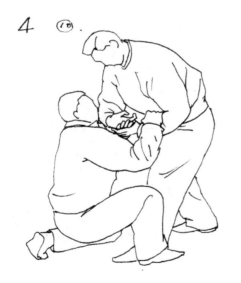

图 111

4.⑪

图 112

4. ⑫

右者子抓用.

图 113

4. ⑬

左右姜肩.右者转隙.们以肩抵其上肩.

图 114

4. ⑭

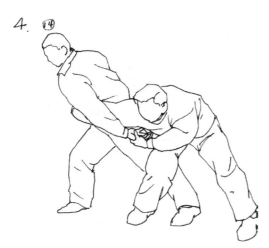

左者栗搭右剥胯同带.

图 115

4. ⑮

右者左带右搭.右肩打.

图 116

4. ⑯

右者，身右转，左引及胸，
右手缠右手。

搂上式，左者，右手顺缠，左手掤去。

图 117

4. ⑰

可搂口式，大者，掤大时，用时，搂右
手，以挤劲，挤先者之右肩。

图 118

挤劲，右手顺缠。

图 119

4. ⑱

4. ⑲

大者，右掤风，大手以顺缠。

图 120

4. ⑳

乙者松开．意为．

图 121

4. ㉑

乙者逆肘.

图 122

4. ㉓

乙者右转腰．按右肘。乙失重。

图 123

4. ㉔

乙者右手顺化．左节抑肘尺.

图 124

111

4. ㉕

压肩.

图 125

4. ㉖

图 126

4. ㉗

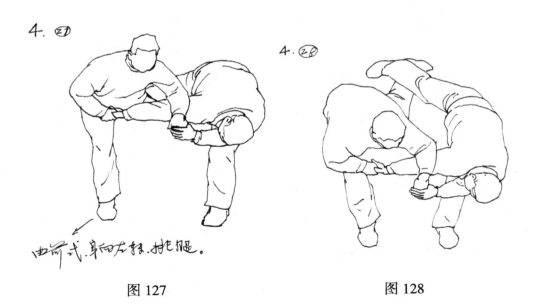

由前式.身向左转.打七捆。

图 127

4. ㉘

图 128

112

4. ㉙ ←

图 129

4. ㉚

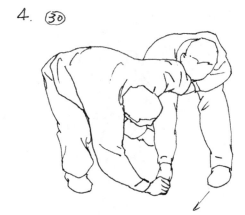

右右. 肩擠肘. 截切肘尖. (此拿很痛).

图 130

4. ㉛

图 131

4. ㉜

引至度. 左不记改. 抨月右. 搖右.

图 132

4. ㉝

压下

左者擒。右手收
纸撑动。左肘挤
下。

反位置。右名·捌肘.

图 133　　　　　　　　　　图 134

4. ㉟

4. ㊱

左者。右手拿反缠手。合左手拿肘。

图 135　　　　　　　　　　图 136

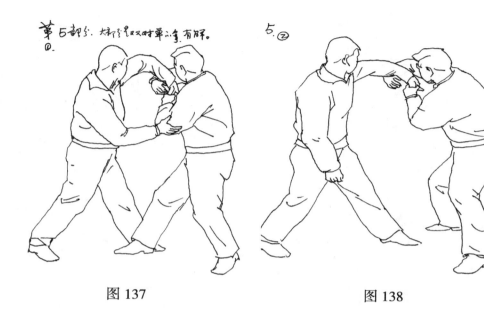

第5部分，抖行以双对单六拿有解。
①

5.②

图 137

图 138

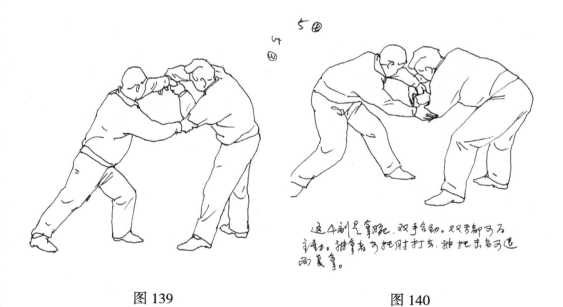

5.④

4.②

图 139

这个部是拿把，双手合动，双方都可右手动。拙拿者可托肘打劲，被拖击者可进而复拿。

图 140

115

5.⑤

甲在下面⋯⋯见双方⋯左手，右者⋯左手儿（形
⋯，本身下搭，右者利用此何下拿去。双方手法
见反义⋯。

图 141

5.⑥

图 142

5.⑦

图 143

5.⑧

变义之手。双方都可有主动者。

图 144

116

图 145

图 146

图 147

图 148

5 ⑬.

5 ⑭.

右者如左肘化而轉圈而發先，則反敌
弓攻。

图 149

图 150

5 ⑮.

5 ⑯.

图 151

图 152

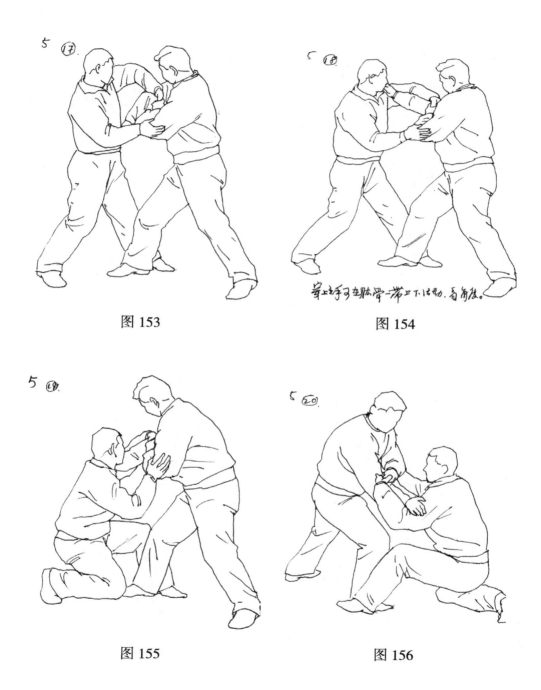

5 ⑰

5 ⑱

等上手了在胳膊一带上下活动.看角度。

图 153

图 154

5 ⑲

5 ⑳

图 155

图 156

图 157

图 158

图 158

图 159

图 160

图 161

图 162

图 163

图 164

掤力与拿腕错力。拿腕。

121

5. ㉙

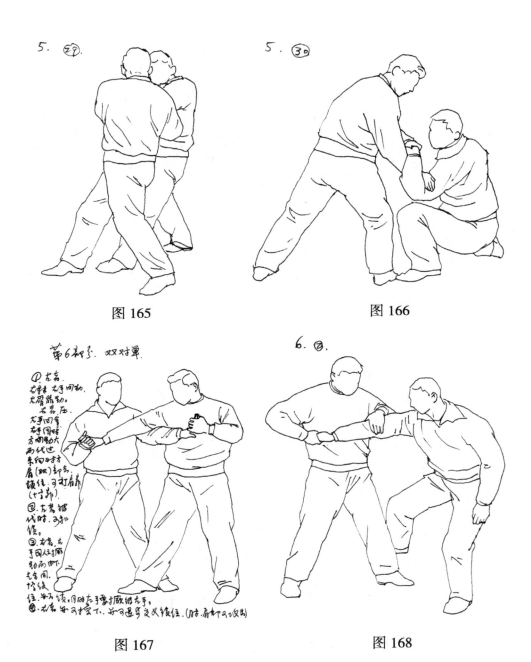

图 165

5. ㉚

图 166

第6部分. 双对单

①右手。
右手左. 右手同动.
尤肩前动.
右肩压.
左手同右
右手同转
方向助大
两代世
来向对方
肩(取)都会.
饭住. 3寸打肩
(十字肘).
②左劳挡
代时. 3扣
住.
③右肩. 右
手围住捆
动而向.
右手同.
控住. 如扣住,用时左手掌打欧捆右手.
④右肩. 右寸右掌下. 右寸遇身交义饭住.（肘肩右方攻击）

图 167

6. ㉑

图 168

122

6.③

图 169

6.④

图 170

6.⑤

图 171

6.⑥

图 172

图 173

图 174

图 175

图 176

6. ⑪ ←

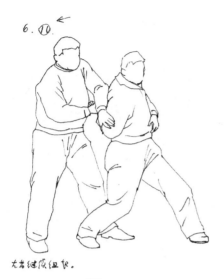

大者继续纽住。

图 177

6. ⑫

图 178

6. ⑬ ←

图 179

6. ⑭ 另双 ⑩

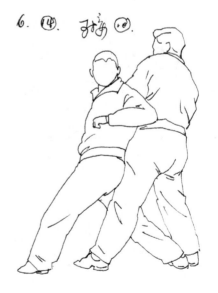

图 180

125

6. ⑮ ←

图 181

6. ⑯ → ⑰

乙者用肘击肘部.

图 182

6. ⑰

右者. 抽动带子右手.
呈摆形挎下。

图 183

6. ⑱

图 184

126

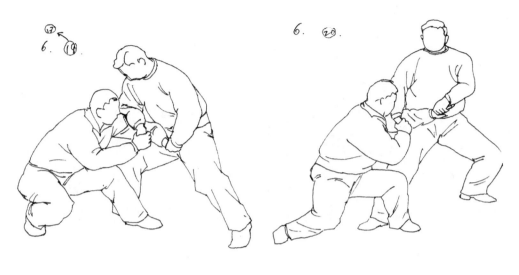

图 185

图 186

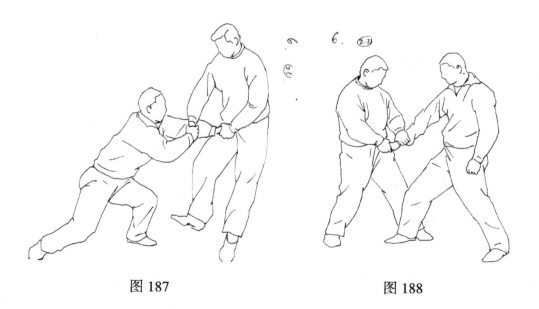

图 187

图 188

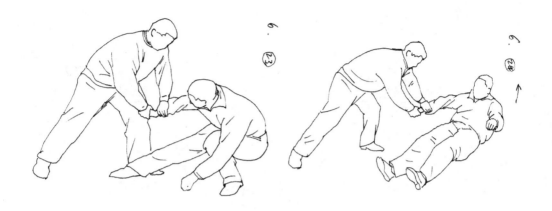

图 189   图 190

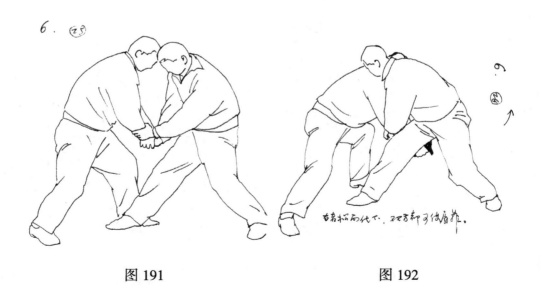

图 191   图 192

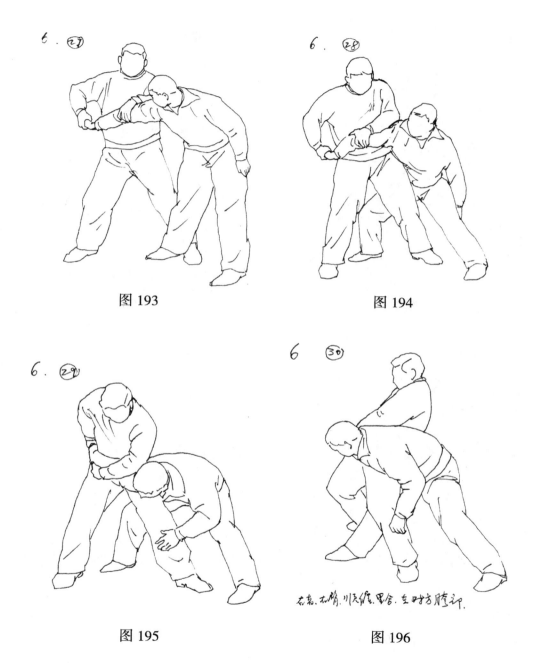

6. ㉗

图 193

6. ㉘

图 194

6. ㉙

图 195

6 ㉚

右手、石脂、顺脂、里合、左对方膝部。

图 196

6. ㉛ ← →

图 197

6. ㉜

若者反攻，腰中运化而合同。

图 198

6. ㉝

左手扒腿，向右后方，用挒·摔动。

图 199

6. ㉞

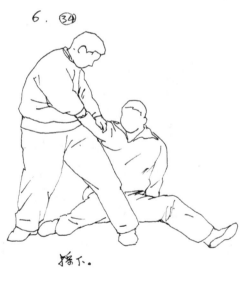

摔下。

图 200

130

图 201

图 202

图 203

图 204

图 205　　　　　　　　　　　　图 206

图 207　　　　　　　　　　　　图 208

图 209

图 210

图 211

图 212

7. ⑬

图 213

7. ⑭

图 214

7. ⑮

图 215

7. ⑯

图 216

7. ⑰

图 217

7. ⑱

图 218

7. ⑲

图 219

7. ⑳

图 220

图 221

图 222

图 223

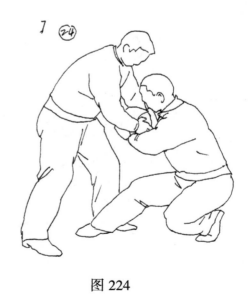

图 224

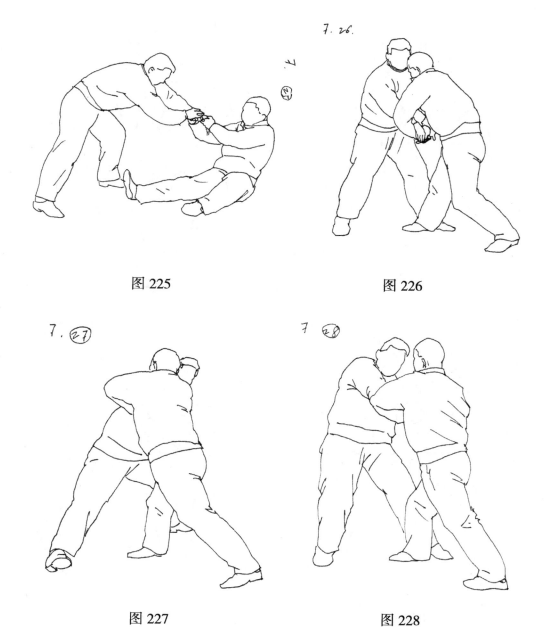

图 225

图 226

图 227

图 228

7.⟨29⟩.

图 229

第8部分.

图 230

8.⟨②⟩.

图 231

8⟨②⟩

图 232

138

8.④.

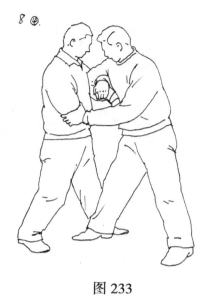

图 233

8.⑤

图 234

8.⑥

图 235

8.⑦

（离开地面「3）

图 236

8.⑧

图 237

8.⑨

图 238

8.⑩

图 239

8.⑪

图 240

140

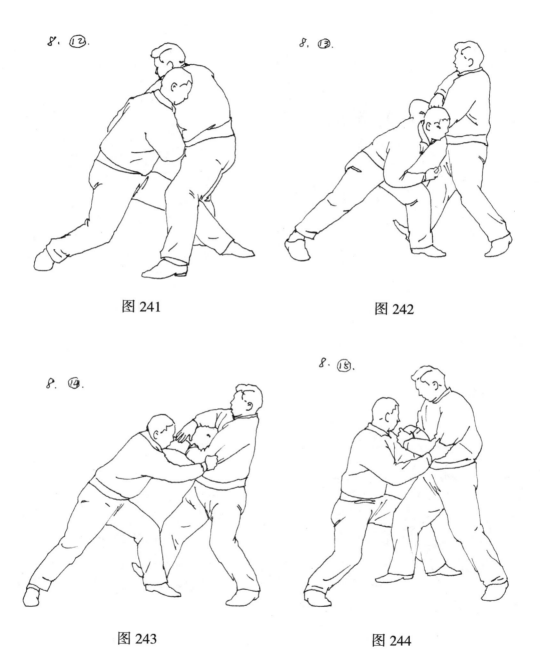

8. ⑫.

图 241

8. ⑬.

图 242

8. ⑭.

图 243

8. ⑮.

图 244

8. ⑯.

图 245

8. ⑰.

图 246

8. ⑱.

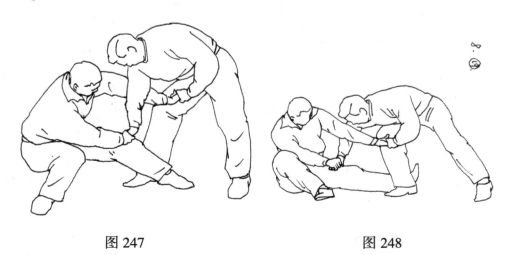

8. ⑲.

图 247　　　　　　　图 248

8. ⑳.

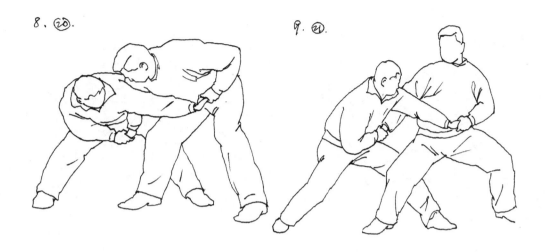

图 249　　　　　　　　　　图 250

8. ㉒.

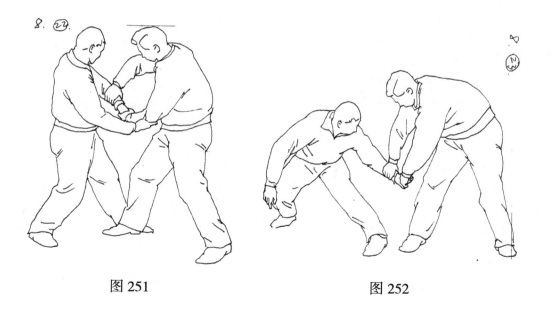

图 251　　　　　　　　　　图 252

8. ㉔

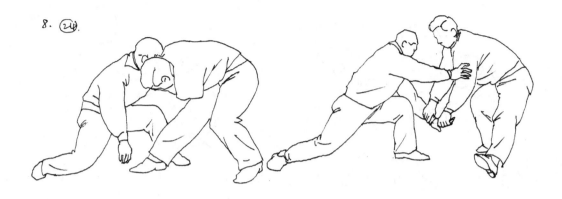

图 253   图 254

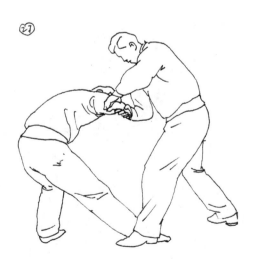

图 255   图 256

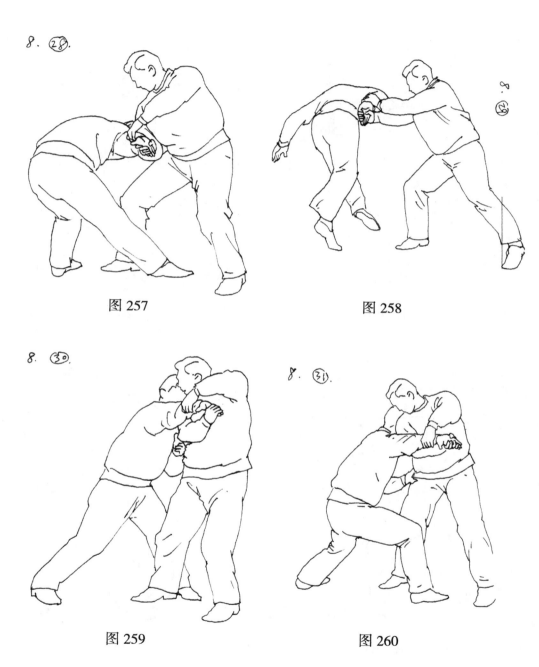

8. ㉘

图 257

8. ㉙

图 258

8. ㉚

图 259

8. ㉛

图 260

145

8. ㉜

图 261

8. ㉝

图 262

8 ㉞

图 263

㉟

图 264

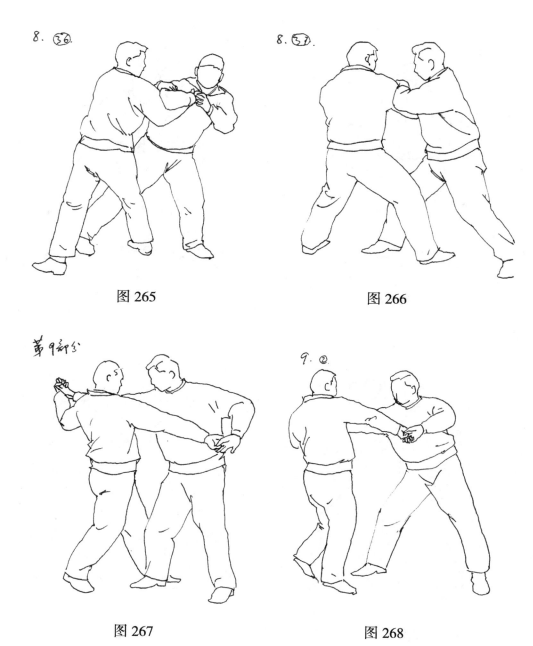

8. ㊱.

8. ㊲.

图 265

图 266

第 9 部分

9. ②.

图 267

图 268

9. ③

图 269

9. ④

图 270

9. ⑤

图 271

9. ⑥

图 272

9. ⑦

图 273

9. ⑧

图 274

9. ⑩

9. ⑨

图 275

图 276

149

9. ⑪.

图 277

9. ⑫

图 278

9. ⑬.

图 279

9. ⑭.

图 280

图 281

图 282

图 283

图 284

9. ⑲.

图 285

图 286

9. ㉑

图 287

图 288

152

图 289

图 290

图 291

图 292

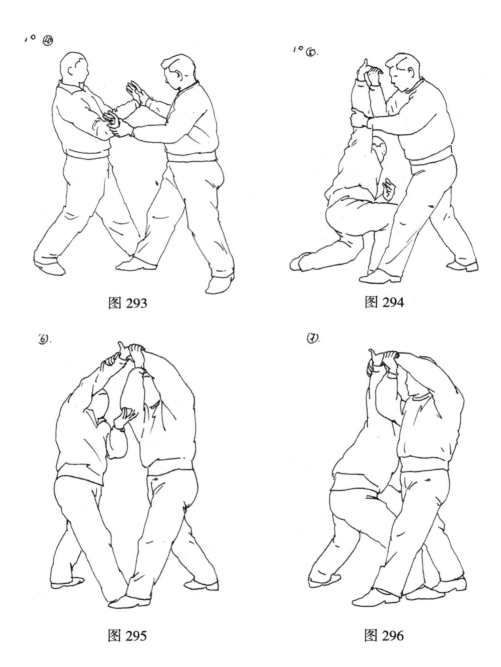

图 293

图 294

图 295

图 296

154

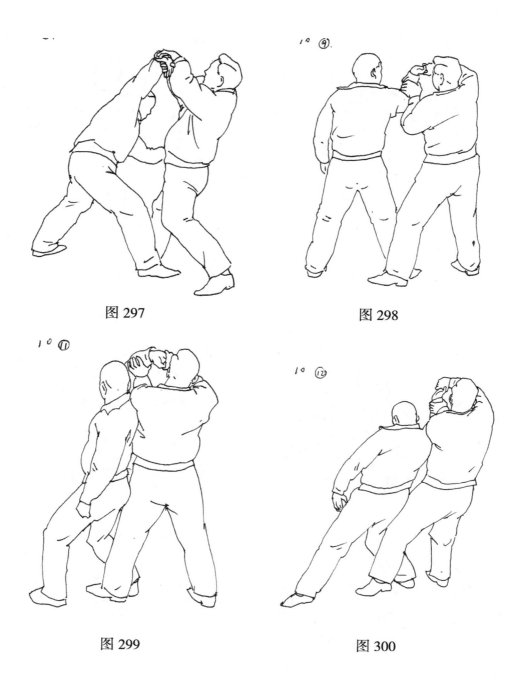

图 297

图 298

图 299

图 300

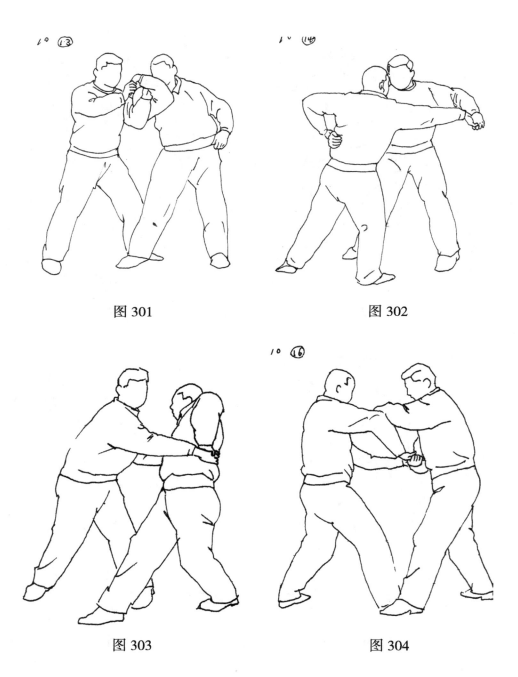

图 301

图 302

图 303

图 304

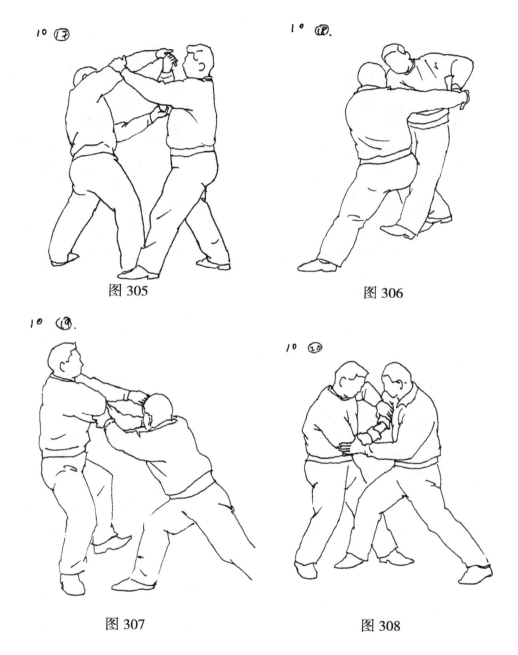

图 305

图 306

图 307

图 308

图 309

图 310

图 311

图 312

图 313

图 314

图 315

图 316

159

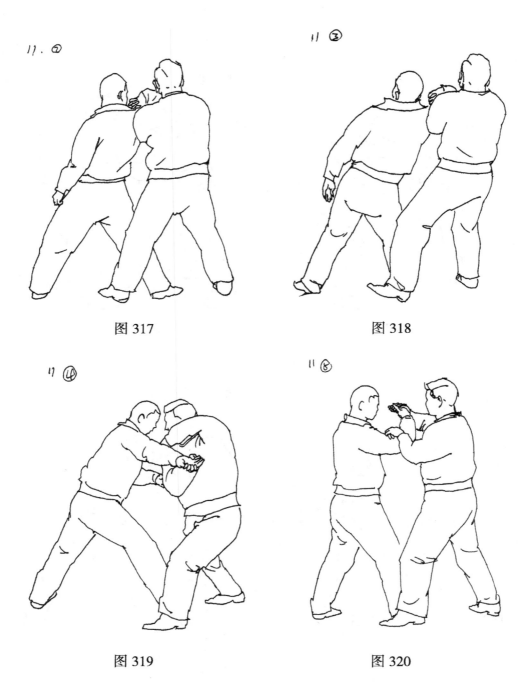

11. ①

11 ③

图 317

图 318

11 ④

11 ⑧

图 319

图 320

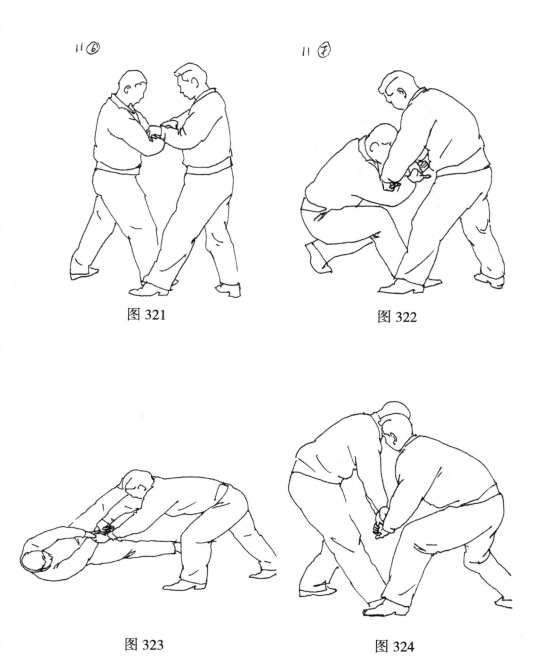

图 321

图 322

图 323

图 324

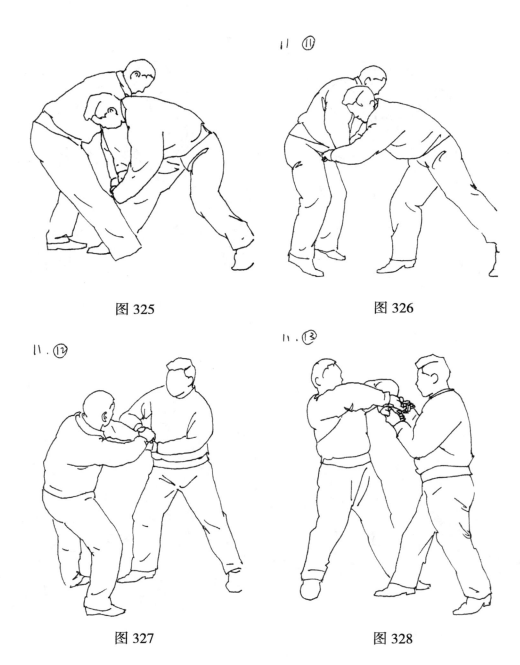

图 325

图 326

图 327

图 328

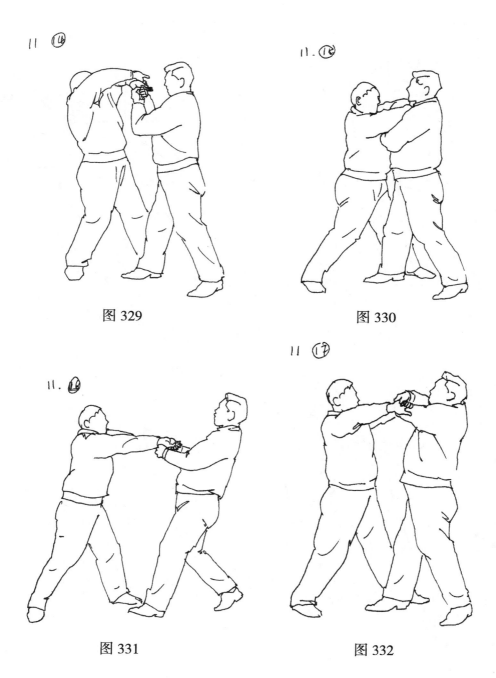

图 329

图 330

图 331

图 332

图 333

图 334

图 335

图 336

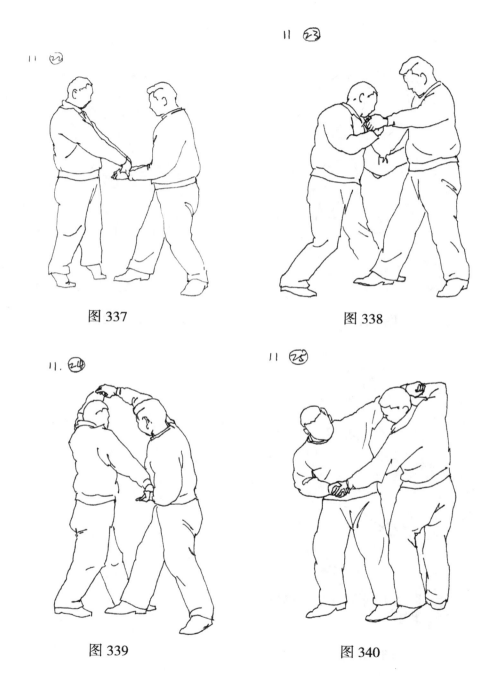

图 337

图 338

图 339

图 340

11.㉖

图 341

11.㉗

图 342

总共 371幅. 近一百舒法.
全部录毕。

图 343

166

陈式太极拳法总歌

陈照奎

太极本浑圆，太极拳的手足运动，虽然从每一个肢体来看，仅是螺旋形的圆圈，但从整体来讲，则是一个浑圆体。妙在法自然。此拳的每一动作，全是吾人日常生活中的劳动形式，可以说是人的自然本能，而加以系统化。一团太和气，心内安静和平。阴阳配其间，内气协调而又活泼。动静生开合，动之则分，静之则合。虚实相循环，有静，必有虚实，虚实互相配合，而不是孤立的。缠绵身躯，处处走螺旋。此拳每一动作，处处走螺旋圈，周身配合，一动无有不动，一静无有不静。外形合规律，内劲自无偏。外形的运动，合乎经法，则重心永远保持平衡，内里的气劲，也自然平衡。直养气充沛，气以直养而无害，言内气顺遂，则更加充足。气足神乃完，内气充足，则精神也自然旺盛完美。

原理无二致，法却有万端。根据阴阳的原理，而有动静、开合、虚实、刚柔等运用方法，变化万端。有左即有右，有后即有前，此言方向。上引则下塌，右引原理无二致，法却有万端。根据阴阳的原理，而有动静、开合、虚实、刚柔等运用方法，变化万端。有左即有右，有后即有前，此言方向。上引则下塌，右引则左发，此言虚实。高来必低转，低来高处还。此言转法。大小变斜正，进退里外缠，此言姿势。不拘大小、斜正、进退，总不外手里绕外绕二法。合势走开劲，外绕是开劲，里绕是合劲，开势走里绕，这是此拳阴阳开合的巧妙配合规律。虚中仍有实，实处虚相连。手足忌双重，后劲胜前边，虚实循环，不可分割。前边发劲，则后边塌劲。上下次然。右手实，则右腿必虚，进退自如。左方亦然。总之，后方和下方的劲，经常要重于前边和上、下两边的劲。这是此拳虚实配合的规律。全在中定劲，处处为贯穿。整体有整体的重心，各个肢体运动时，也各有重心。重心全要经常稳定，如机器大小运转，必有一轴为之连系。

手法分为八，一一为解诠。掤、捋、挤、按、採、挒、肘、靠全是手法，乃此拳之基本动作。掤法讲内劲，里绕和外绕。运劲要不丢不顶，全仗绕法走的合法及时。彼捋或採挒，捋、採、挒全可以破掤法。捋走中盘劲。来势如偏高，则进步；手走上圈为採，来势力如偏低而力猛，则退步，手走下圈为挒。我挤时靠连。挤、肘、靠是破捋、採、挒的手法。梢节（手部）用挤，中节用肘，贴身过近，则用根节（肩、背、胯、臀）发靠劲。步小先用挤，步大肘靠兼。挤、肘、靠是随步法的大小而连环变化的，并且可以反复地用。彼如又变按，按是破挤、肘、靠的手法，我则捋採挒还之。也是根据来势高低，以及步法快慢、大小而相机应用。身法配步法，步法必随身法的方向变化而进退旋转，手法方不至呆滞。总以眼为先。眼是精神所寄。全体的指挥，双方的观察者，不可失掉目标。四正四隅变，中心主宰根。任何变化，全以内心为主宰。所难全在处处合理法，而又不拘泥于成法。

精神安而活，内心安静，而又灵活，明于理法，熟于着数，自能随机应变，十分自然。理法参经权。成套的架子，正常的规律是经，临时运用的变化是权。气调体自舒，随宜任转旋。动作合乎规律，内气自然协调。内气协调，肢体也自然舒适，旋转变化，无不适宜。招招究理法，纯熟得自然。在练架子时，一招一式，纯熟之后，便能发挥每个人的自然本能。如何能懂劲？方向配时间。方向是有形的，较易掌握。方向和时间要紧密配合。两人推手时，更需把两人的方向、时间主动掌握起来，使对方不由自主地听从我的动作，如我自己身使臂、臂使指一样，才叫作懂劲。劲懂更揣摩，变化口难传。懂了劲之后，仍不可自满，随时用心揣摩形式的变化、内气的运转，以求更为精进。康强耐劳动，祛病复延年。练拳的主要目的，是为了祛病延年，能够持久劳动，提高生产效率，为祖国的建设、人民的幸福而积极努力。

理论与实践，二者不可偏。勿轻视为宜，要重视祖国的宝贵文化遗产。却亦莫畏难，不可因其动作艰难，而向困难低头。勤学加苦练，成功讵偶然，一切学术，全成功于勤学苦练，绝非可以不劳而获。

陈式太极拳锻炼经验谈

陈照奎、巢振民

根据一般经验，学习一门学术或一种技艺，如果事先对所学事物有了明确清晰的概念，知道应该运用什么方法，采取哪些步骤，经过怎样的过程，解决哪些关键问题，才能达到什么目的……而又能勤学苦练，坚持不懈，则经过一定的时期必然得到相应的成果；相反，如果对所学事物没有足够的、正确的了解，只是一味地"学"下去，"练"下去，则即使花费了很多时间和精力，也可能仍然是两手空空，毫无所得。所以，写了几十年的字也未必就是书家，练了几十年的拳也未必就成了高手，问题在于能不能钻进去，能不能真的知其所以然。在这里，明确思想认识是重要的关键。

据我们了解，学习陈式太极拳时这种情况尤其明显。我们自己在学习过程中，就有觉得这种拳术难以捉摸、难以掌握的苦衷，至于学了相当时期而基本动作还没有做正确的事例，所见到的也非少数，这一方面由于拳法本身的难度大，另一方面也与学习方法不够完善有关。

今天，在党的领导关怀之下，陈式太极拳已逐渐为广大人民群众所了解与欢迎。如果没有一套适合陈式太极拳特点的学习方法，则将很难符合太极拳发展的要求。探索与创造这种学习方法已成为当前的主要课题。为了达到这个目标，现将我们过去所听过的讲解和自己一丁点肤浅的体会介绍出来，作为学习陈式太极拳的参考。这一点经验实际上只是一己之见，不一定都正确，不过作为引玉之砖罢了。

另外，由于拳术长期在旧社会中发展，在拳理的论述和解释中不免被蒙上了一层神秘的迷雾，再加上若干夸大的传说，使拳术的发展受到较大的损害，其中难以解决的是，武术方面缺乏足够的有科学根据的文献资料。目前，尚且无法做出完全符合实际的分析，只有一点一滴地将所有的拳论、传说，结合拳式练法加以整理、分析、批判之后，才能达到这个目的。从这一点看，本书也可以算作结合陈式太极拳对拳理做新的解释和初步尝试。

（一）陈式太极拳的锻炼方法在新式武器——枪、炮出现以前，尤其在古代社会里，因为当时生产斗争——打猎，以及阶级斗争、民族斗争——战争到搏斗的需要，各种武器的用法和徒手搏斗的技巧在各个国家、各个民族普遍地发展着，有的逐渐分化成专门的竞技，如拳击、角力、摔跤、击剑等；有的却综合成为一套包括各种器械和对手搏斗的完整的技击方法，如中国的各门武术。

由于各种器械不过是手足的延长和致害效果的加强，其动作仍以肢体的运动为主，所以各门武术在锻炼方法中又都以拳术为基本、为中心。徒手锻炼所占比重最大，而且最重要，本文范围也以此为限。

再者，在锻炼过程中，既要保证有效果，能掌握技巧，又要保证安全，不致受到伤害，必然又形成几个步骤。

单独练习基本动作，就是各种拳式的练习。拳式是搏斗中有效动作的总结，最初大多是单独的招式，之后发展成连贯的成套拳路。通过拳式的锻炼，可以初步使自己的动作符合搏斗的要求（手足合于部位，用劲正确，重心能保持平衡等）。以陈式太极拳为例，其头二趟招式都有用法，可分为：有固定用法的，如三换掌是拿法，双摆脚是摔法，指裆捶是打法，等等；无固定用法的，如倒卷肱，可以退步拽对手的劲，也可以上步破对手的劲，可以将手，也可以撩足，运手可以用手臂护身，也可以用肩靠对手……总之，在各式的动作中，指其运动过程都包含用法。

2.固定套路的推手

在初步掌握基本动作以后，不能马上就直接对敌应用，中间还需要一个锻炼的过渡阶段，这就是打"对子"推手，等等。通过这个阶段，由局部到全部，逐渐掌握搏斗技巧。陈式太极拳里的推手（搞手、打手）就是这个阶段。陈氏的推手有单推手、双推手、进一退一、进三退二，甚至连续进退、进三退三、活步连环插步、并步推手等若干种，其难度是依次顺接的。各种推手都有固定的招式、手法，可以按照这些招式练习。同时各招式又包含若干不同的破解方法，都能引起无穷的变化（下文有解释）。其中，更接近实用是推手的较高阶段练习。

3.单式、操手的练习

在已经熟练掌握拳式动作和推手技巧以后，就可以进一步练习散打。在这个基础上，可不受原来基础的限制，而进行搏斗练习，也就是接近于实际运用的练习。实际上，这是对以前学过的技巧的全面、综合的运用，本身没有另外的招式、手法，没有必要单列为项目。但为了用劲完整，提高效果，还有一些辅助性的练习。以陈式太极拳来说，就是单式练习。这种单式数量很多，可以发劲，也可以化劲，这是在动作已经正确以后，使发劲、化劲更准确、迅速，合乎搏斗要求的有效练习。此外，如拧棒子、击墙、击柱等，也都是提高发劲爆发力的有效练法，可以适当配合。

在拳术发展中因健身的需要而出现的与养生术(气功）的结合，由于表演的需要而向舞蹈化发展等现象，也是拳术锻炼中值得研究和讨论的课题。前者将在下文谈到，后者因与本文关系不密切，从略。

（二）陈式太极拳的特点

太极拳与形意拳、八卦拳等被称为有内劲的拳。这些拳术出现较晚，在技击方法上可以认为比以前有了进一步的发展，一方面是搏斗技巧上的变化；另一方面是与气功的结合；而在养生方面也达到新的发展阶段。以下结合陈式太极拳分别做简单的论述。

1.技击方面

在技击方面舍去了硬顶硬抗、直出直入、以体力（力量、速度、耐久性）为胜，又受限于体力的一些招数和法则，而以避实就虚，化去对手来劲，然后乘胜制敌的招数为主，使搏斗技巧高低成为决定胜负的关键。而体力降为次要因素（并非主要）。上述这几门拳术各自有其独特的优点和运用方法，并不一致，但却共同遵守如下一些原则。

这些原则是以人的肢体特点及力学规律为根据而形成的。它保证在肢体运动和与对手搏斗时，使自己保持有利形势，并使对手处于不利。它本身是客观存在的，不随主观愿望而改变，只能掌握它，运用它，却不能违反它。不论功夫高低，都一视同仁。这些规律概括起来大约可以分为以下几条。

（1）在动作和静止时，始终气沉丹田，尾闾中正，以保持重心稳定和身躯转动灵活。

人的重心约在小腹部位（以直立时为准），在转动身躯时，如果不能保持上述要求，则重心必然偏垂一方，而不能灵活转动，在接受外力或发力制"敌"时就不能迅速跟踪对手的变化而制胜。因此，在拳式锻炼以及推手、散手的任何动作中都必须遵循这一规则。

或许有人以为，若是功夫高了，即使向后仰身等也仍然能化去对手的劲而不致受制。诚然功夫较高、技术较熟练的人可以用肢体各个部分的局部动作来化除对手的劲，或表面看来是仰身而实际上身躯未偏，仍能同样发劲、化劲，但实际上这些都是在一定条件限制下。例如，不许动步等，是招数运用范围很小才能办到的事，如果动手，条件放宽，就会发现原来运用自如的技巧会出现漏洞，甚至可能失灵。如上例（指不许动步），如果允许对手上步，则必然不能仰身而又使自己重心在受任何方向外力的情况下保持稳定。

（2）含胸拔背、沉肩垂肘、肘不贴肋，以保持上肢动作的灵活和处于有利形势。

含胸拔背是对挺胸凸肚而言的，为了使气沉丹田（即腹压下松，重心下沉），不上涌、不浮起，必须使前胸略内含，背部略后拔，保持腹压下降，以配合尾闾中正，稳定重心，并保持移动灵活。沉肩垂肘，则是在上肢动作时，肘关节无论何时都不向上翻起，不能高过肩部以上，以免被人反关节制住肘部，而被拿住或发出。肘不高于肩，则易于向前后左右各方向化劲。肘不贴肋，则是左肘不向下贴住左肋，右肘不向下贴住右肋，至少肘、肋间要相距一寸以上的空隙，以便在受外力时易于转动躯体，向前、向后化去来劲。否则，肘、肋相贴，如受外力，就容易半身被制，而被拿、被发。

（3）合裆、敛胯，以使下盘坚实稳定。

合裆，敛胯，双膝微屈，则站立稳定而转动灵活。与对手贴身相持时易于占据有利形势。所以，任何拳式——指上述有内劲的各种拳术，都没有双腿绷直的姿势。

（4）劲由足跟起，劲由脊发。腰为动作枢纽，全身用劲合一。化劲与发劲相连接，攻势统一，动作走曲线。（形意拳动作外形较直，而实际上仍是曲线）

在向对手发劲时，除了不与对方顶劲以外，还尽可能利用对手的力量或反射动作（指动作中瞬间平衡被破坏时所发生的与原动作方向相反的反射动作）来制胜——将对手发出或打伤。这固然可以节约自己不少力量，但只不过是一个方面。另外，在自己发劲时，还要在保持自己的平衡的基础上，使发劲得到最大效果。为了使发劲时的反作用力不致影响自己的重心平衡并使全身力量得到充分发挥，这就必须使力从足跟起——使支点通过肢体而承受绝大部分的反作用力，同时使腰为枢纽，催迫肢体在转动中发力（不走直线)。这样，化除对手的劲后，随势立即向之发劲。一则，走的路短，速度高（相对的）；二则，对手正处于不利形势；三则，自己仍处于稳定状态，未予对手可乘之机，并且能跟踪换劲以应付对手的变化，因而在技击中效果较显著。这种化劲、发劲相连接的动作，通常叫作来回劲（利用对手反射动作）滚劲。这是对发劲动作的总的要求。当然，太极拳、形意拳、八卦拳各自又有不同的具体技巧，但基本原理不外于此。（附：还有"丹田劲"问题，见下文解释）。

为什么要这样运作呢？现举一些简单的例子予以说明：

陈式太极拳的技击特点就是以上述这几点原则为基础而建立起来的。总体来说，陈式太极拳在技击方面所要求的根本原则就是做到：自己顺劲，对手背劲。什么是顺劲？什么是背劲？简单来说就是：顺劲是使自己的重心平衡稳定，使自己的动作灵活自如，使自己处于有利形势；背劲则是重心平衡遭到破坏，肢体被拿住、被制住，动作不能自如，处于不利形势。如何做到处于顺劲而不背劲呢？大体要求是：用劲走缠劲、走抖劲。周身动作相随（配合完整统一），进步、退步，重心位置变化时，虚实分明，能塌住裆劲，气沉丹田，有鼓荡劲（见后文解释）。

缠劲又叫作缠丝劲，是陈式太极拳的主要内容之一。简单来说，它是一种用劲路线和方法，就是指周身上下所有动作都走曲线，而又节节连贯，互相紧密配合，延续不断，并以腰为枢纽，任何动作都随之协调，这样，形成由各个弧度不同的曲线连接成的近似螺旋形的用劲线路。"缠丝"是比喻词，并非另有什么"劲"在肢体上盘旋缠绕。

原来人们在日常生活中所自然形成的动作，一般说来都是走直线——由起点径直到终点。因为这样最节约时间和力量。一般情况下动作肢体，或拿动什么对象时，不会感到有什么缺陷，或不方便，但在某些情况之下就会发现有问题。例如，向前用力推挤什么东西时，突然推空了（用力过大被推掉，或被外力很快移开），就会使全身一下子失去平衡，较轻的状况是可以依靠前庭分析器的无条件反射的调整而不致使人摔倒（平衡的技能可以经过训练，建立有关的条件反射；而加强其基础，则属无条件反射），较重的状况则是不免跌一跤。从技击角度说，动作着力点落空失效，不能连贯，就叫作劲断。肢体动作不能完整协调，平衡不能十分稳定，就叫作劲散。劲断劲散，人就处于劣势，处于背劲。

当与对手相持时，与对手着力点相接触的部位顺其用力方向随势移动，而加以侧向的力量则可能使其用力方向改变，而着力点落空失效，甚至全身动作失调，平衡受到破坏，即劲断劲散。这种根据向量关系形成的技击法则，通常称作横劲破直劲、直劲破横劲。如此，不仅我方动作已经走曲线了，而且对手为了避免劲断劲散，必然转换原着力点的用劲方向，进而制敌，跟踪继进，也用劲走曲线。双方互相化劲、发劲，连续进行，互相生克，经过较长时期的发展而形成缠丝劲这种用劲路线。

　　缠丝劲既可用于攻，又能用于守。同时，一个动作可以既是攻又是守。攻时，着力点随对手的动作而跟踪转变；守时，随对手着力点转变而变化，以使之走空。例如，我以手臂走掤劲击对手，被对方从侧方接住并让过我手部（设着力点原在手部），我则松手部劲而转用肘部（变换着力点）；如再被让过，则进一步松肘而用上臂；再被让过，则松上臂而用肩……以至用胯、后肘（另一肘从身后打），等等。从这一动作看，从手到肩，再到背、胯，处处都可能成为着力点，不仅可以如上述变化，而且也能互相呼应，如松肩、肘时，反过来用手、臂发劲取胜。总之，都是随对手的动作，因形就势，随机而变。守时也是如此，同上例。如处守方，则接住对手手臂(以同侧手臂向侧面迎接)，以腰为轴，顺对手攻势转动（重心同时顺向移动），手臂走掤劲下塌外辗，让过对手着力点，对手跟踪变换着力点，也随势继续让过；又可以在适当形势下——如对手跟踪贴身太近时，向相反方向出其不意地让过，使对手向另一侧走空……就这一式来讲，实际上，还包含很多变化，本处略去不谈。附带说明：如走屈劲（即缠丝劲），自己劲未散断，对抗时，被对手让空的部位，（如上例）手肘也并未失去作用，不仅能随形势变化，又能发劲制敌，而且未再变化时也仍然起着封闭对手动作的防守作用。失效与否，关键在于用劲是否散断，辨明如上。

　　事实上，在正常情况下，两人相持时，各用两臂制敌，都同时有两个或更多着力点存在，声东击西，迎此让彼，变化比较复杂，不是几句话能说清楚的。另一方面，功夫纯熟以后，用劲巧妙、准确，只动分寸部位，就可以发挥作用。高手甚至可以在与对手相接触的一瞬间化去对手的来劲，并就势发劲反击，将对手发出或制住（有时也不一定是两个动作，一个动作也可能兼两种作用）。

除了化开对手着力点而使对手用劲落空之外，还可以截断对手的运转而使对手劲断，被缠拿住。这类手法在陈式太极拳里，称作截气。理由是：凡动作时，能以腰为轴，从躯干、肩、肘直至手、指，处处随势动转，配合完整，则用劲一缠到底，不直不断（因此，作为动作的基本要求）。但只要任何动作不能随势运转，则其以下部分用劲就散断。如肩部滞住，则肘以下劲断；肘被制则前臂至指劲断，依此类推。应该注意的是，使用这类拿法时，自己仍然要走缠丝劲的路线，不与对手抗力，切忌硬搬硬压。在陈式太极拳中，任何招式、任何部位的动作，一概走缠丝劲，没有例外。要强调的是，全身的动作必须配合适当。走缠丝劲时动作不一定有多么大。有时走缠丝劲与没走缠丝劲，从外表上看差别很小，只要走的适当就对了，多余的晃动和旋转，反而有害处。

另外，所谓"节节贯串，绵绵不断"，也是用劲的基本要求。其根据是：人的肢体构造的特点限制住了其动作的范围和方向。如肘、膝不能反弯，双肩不能相靠……因而肢体的活动只在某一阶段处于顺劲自如的地步，超过一定界限就转化为背劲。例如，以手拧对方同侧腕部，使之反背，自己并无不自如的感觉。设对方能松劲而随势继续转动，则将感到肘、腕等关节反有被制住的感觉（一试便知）。这是为易于了解而举的例子，实际上许多动作、招式细究起来都有相似情况，也就是说，都只有一段用劲路线是顺劲自如的。把这些动作的顺劲线段连接起来，则动作每将出现背劲，便又转入新的顺劲路线，而保持始终处于顺劲。所以，节节贯串，绵绵不断，实质上，是指招式、动作中顺劲线段的有机连接，并不仅仅是动作始终未停止的意思。这些道理结合拳式练习，才能逐渐体会。

同一件事，从另一个角度说，即使用劲路线全部都正确，但各部位动作的时间、速度没有调协，则仍然会出现劲散、劲断的情况。所以动作次序先后、速度高低，也同样是重要的基本要求。另外，动作走缠丝劲，在速度上并没有限制，可以快些，也可以慢些。这在练拳式时就是：架子大就慢，架子小可以较快。在应用时则视对手的动作及用法而定。

在缠丝劲的基础上发劲比较迅猛，以起到击伤或发出对手的作用的动作，称作抖劲。抖劲在所走的路线方面，与缠丝劲（也可简称缠劲，以与抖劲相对）完全相同，但由于用劲迅猛而在呼吸配合上有所不同。缠劲动作一般在走掤劲（掤、捋、挤、按等则是按动作的作用而起的名称，并非路线上有不同）时呼气，换劲时吸气，呼吸保持均匀平稳，纯任自然。而走抖劲发力时，如掩手肱拳、庇身捶、穿心肘等动作，则必须急遽呼气，使腹压向下，重心迅速下沉（但下降的绝对距离并不大），腰、脊迅速转动，催迫手臂动作，用劲变化更快。

通常情况下，缠劲多起"拿"的作用，抖劲多起"打""发"的作用。大部分拳式用法明显，该走缠劲还是走抖劲，很容易弄清楚，而实际运用时，却不能这样截然划分，即有些走缠劲的动作，也有些走抖劲的动作。例如，单鞭上步前右臂的换劲，在练拳式时是走缠劲，讲松劲、化劲，而运用时也可以发抖劲，以突然摆脱对手的抓拿。这都取决于双方形势。

再者，为使自己重心平衡、稳定，在站立和移动时，必须保持重心在支点的垂直线上。除了前面说过的尾闾中正、气沉丹田、含胸拔背之外，还必须使重心能随形势变化（指与对手相抗时）而灵活变动，以躲过对手的着力点。在两足不动时，能灵活变动于两支点之间，不僵滞于一点……这就是通常所说的单重。

在移动位置变换步法时又该如何呢？原则很简单，就是必须使重心稳定于支点（着地之双脚）的垂直线上。下面结合拳式来谈。例如陈式太极拳头趟中，开始时必须先使重心稳定在右腿上，然后左腿才能向前挪动。闪通背后的掩手肱拳接六封四闭上步转身时，必须左脚踏稳以后才能再抬右脚上步。诸如此类，所有上步、换步、退步（如倒卷肱），莫不如此类。道理很简单，重心不可能不稳定地放在支点垂直线上，否则就会失去平衡。问题在于这样做，在对敌时会不会受制于人？答案是：不会的。因为所有的步法都是因形就势，随对手的动作而变，该上步就上步，该退步就退步。虚实变化，非常灵活，并非刻板文章，而是以支点的移动争取更有利的形势。另外，在重心移动时还必须蹋住裆劲，走小弧线——移动时重心渐走渐低，过半路后再渐高，以保持稳定。

除上述步法外，还有几种步法，如穿梭的跃步和"裹鞭炮"的跃步，跳起以后，仍然以肢体动作的配合来保持重心稳定；"右蹬一根"接"掩手肱捶"，或者"十字摆莲"接"指裆捶"时，重心由左脚迅速移至悬起的右腿上(丹田劲迅速由上方自左向右转动下沉)，右脚步凌空跺下，这除保持平衡之外，还有跺伤对手的作用。此外，推手时，扣裆跨步与对手贴身对抗，对手移动位置寻找有利形势，自己膝以上不动，小碎步跟踪紧逼以夺取或保持有利形势等，也都属于变动支点保持平衡、保持有利形势之例。

在双方对抗时，应当用什么手法，如上所述，必须因形就势，根据具体情况来决定。而且，手法和招数的变化也应根据它们之间的必然联系而定。例如，用将手将过对手，对手靠近时，若用劲位置高，就可以向上拿住，低就可以向下拿；往上拿，进一步可以让空对方的"靠"，使之摔倒在自己左方或右方，下拿则可以向前空对手的挤劲，截住对方右手的气，使之摔倒在自己前方。摔、拿、打、靠各种手法的运用，都应是在一定条件下灵活运用的，它们之间的联系是根据客观形势变化来决定的。研究手法必须弄清楚其间的客观规律。至于

"气沉丹田，气宜鼓荡"，则是全身肌肉松懈，而小腹部分坚实膨胀，每一动作都由丹田领动，并配合运转，使全身的劲变化迅速，发劲完整（参见下文说明）。

由上可知，拳式的重要地方不在于停下来的静止姿势，而在于各式的动作。练习拳式时，要通过对这些动作的矫正，使其逐渐符合上述原则而达到发挥技击作用的目的。推手或应用时，更要严格遵守，才能使招数手法发挥应有的作用。

以上是从技击方面简单地谈陈式太极拳及同类拳术的一些内容，仅仅是我们目前认识到的一些道理，还有待于删改和补充。

2."内功"方面

下面谈谈"内功"的问题，分两个方面：（1）生理方面；（2）技击方面。

这是一个有待研究的问题，在此只谈谈我们的初步理解。

拳式技击过去固然以锻炼搏斗技巧为主，但也不可能不注意到健身这个问题，否则，技击的目的也不能达到。因为人有了强健的身体，才能有足够的力量、速度和耐久性。因此，拳式从根本上讲也是一种体育锻炼。至于个别对身体有害的一些操手(不全是）之类的练法，在长期发展中都渐次被淘汰了，而拳术与养身术——气功的结合，则被认为是拳术的进一步发展。

简单说来，如果除去神秘外壳，据目前了解，"气功"主要是将意志集中在固定的意守部位，使大脑皮质神经细胞的兴奋点集中在一定区域，而使其他区域因正负诱导等作用，得到抑制、调整，从而增强机体的生理机能，促进新陈代谢，加快血液循环，疏通经络，消除某些病状而增强体质。并且，"气功"主张气沉丹田，使腹压向下，呼吸深长均匀，使消化器官得到适宜的按摩刺激而旺盛消化、吸收机能，丰富肌体营养。再者，"气功"不论坐立姿势，都要求全身肌肉松懈，全身重量得以适当地分配，使脊椎及其他骨骼均匀受力，重心下沉，保持稳定，而耗力最少，保持姿势长时不变，甚至可以达到"自身如空"的感觉。由上述因素，加上衣着宽舒，肢体不受压迫束缚，全身的触感、压力感容易因适应了坐久而消失，从而产生幻觉。

"气功"与拳术结合之后，二者都有一些变化。第一，意守部位，除了气沉"丹田"——注意小腹部分以外，还需要随时注意各动作中的关键部位（因而有人说坐功是静中求动，练拳式是动中求静）。第二，呼吸除了与动作配合之外，还必须保持匀净自然。第三，拳式动作中，要保持全身肌肉松懈灵活，即使运动量相当大，呼吸脉搏也不致急促。这样，在练习技击的同时，也起到一定的养身作用。

拳式练习加上气功以后，对技击也产生了一些作用。由于气沉丹田、腹压向下，一则，更有利于重心的平衡（重心降低了）；二则，便于以腰为轴的全身动作配合，形成"丹田劲"或"鼓荡劲"——由丹田部位领动，使动作更加灵敏有效（这是内功拳里一个有待进一步研讨的重要问题）；三则，意守部位集中，可以使精神兴奋加强而增加发劲的爆发力。此外，经过长期锻炼，还可以加大腰腹力量。再结合前文所说的拳理看，动作所经路线相对缩短、更便捷，所用体力也更合理，也就是发展了技击技巧。因此在掌握较高技巧以后，看起来体力较弱的人也可以不特别吃力地制服体力胜过自己的人。

在练拳时，因气功的作用，而使日常不显著或感觉不到的某些生理现象出现：如震动感，嗖嗖的跳动感，皮下如虫爬似的感觉等，以及发热、出汗等现象。这些现象可以认为是对身体有益的，而且它是原来固有的——只是平日不显著而已，但绝不是神秘的。过去的拳论不用经络学说来解释，这是由于当时受时代的限制，不可能有现代的观点、方法和知识，而必然从当时已有的认识中求得解释。而这样得到的内容也可以分别看待。其中对生理的认识也就是中医的生理理论，不见得就不对。至于与技击技巧的联系，如果保留一些，则可以说"有待研究"。而据我们目前的理解，则感觉找不到直接相关的根据，认为这是思维联系上的一种错误，是把与肢体运动没有直接关系的一些生理规则与技击混在一起了，致使一般人对内功拳产生了极大的神秘感，发生若干错误理解，如将经验学说联系到技击方面来，并且出现若干迷信传说，反而不利于学习和传播。

下面，对一些有争论的说法补充理解如下：

"用意不用力"，有人以为动作全凭"意"来指挥，不使一点劲，甚至平常连搬个板凳都怕用了力。实际上，这是一种误解。原来，人的身体动作全靠周身肌肉（随意肌)的张弛配合来实现，没有肌肉活动参加，人体根本不可能自己运动。而任何随意肌的活动又必须有中枢神经的指挥，没有神经系统的信号，肌肉不会自己活动（受电、化学物质等的适当刺激也可以引起肌肉收缩，但这不是一般正常情况），可是人的意识活动却不一定有肌肉活动参加，如思想或回忆、想象等心理活动就可以完全没有肌肉活动参加，即使这些活动非常强烈，如果没有发出指挥肌肉活动的信号，仍然绝对不能引起肌肉活动。若"用意不用力"指的是这类未发运动信号的意识活动，那根本不会发生身体运动。所以只能解释为：用意到注意运作的部位（并发出信号）而不使肌肉强力地收缩，保持一定的松懈程度（并非不用力），这样，既可以保持感觉灵敏、运作灵活，又能节约体力。在练拳式时，可以经久不疲，如每日可以练几十遍；在推手时，可以连续很长时间。当然，在关键之处，如发劲击出对手时，是要用力的，但时间极短促，并且如前文所说，仍然不是僵劲。这里没有互相抵触的地方。

与此相关，还有所谓太极拳"一柔到底"的说法、"极柔"或"极刚"的说法，这些问题都值得进一步研究。

顾名思义，太极拳的命名就包含阴阳相合、刚柔相济的含义。此论者甚多，现不重复。从可运用的角度来看，如果"一柔到底"，则根本不可能锻炼出过人的体力，而在太极拳名手的传记中却载有许多体力过人的事情，如陈仲甡能运数十斤重的铁槍……直到郝为真能单手平举百斤米袋等，这些都说明，太极拳是绝对不讲"顶劲"，但并非摒弃"力量"。所以，拳式运作中有柔化绵软的，也有迸发猛速的，如掩手肱拳、庇身捶，高手发劲不仅迅猛有力，而且非常灵便松活，看起来手臂像弹簧一样抖动，这是刚柔统一的表现。而运用时，如果只讲究"柔"，丝毫没有刚，那么只能一味地让避、迁就对手，太极拳的妙用（见上文）就不可能发挥出来。

进一步说，刚柔不仅从缠劲、抖劲之间可以分清，如果仔细分析可以看出，每一个动作又都是刚、柔结合在一起，凡是虚的都柔、实的都刚，前者蓄势创造有利形势，后者发劲取敌制胜。对抗的招数大都是开始时顺对手的用劲而活动，使其"力点"落空，并且使对手不致察觉我方变化，继而从同向运动中寻找对手用劲的薄弱环节（力弱的部分，运劲较滞的部分）引劲进攻，使对手背劲，然后随之用劲（发出、打伤、拿住）制胜，分三个阶段，实际上只有一两个动作，时间极短。这是对抗时动作由柔到刚的变化过程，柔时使对手如入"无人之境"，刚时使对手无法抗拒，联系顺劲、背劲的道理，反复思索，自然会得到较深理解。

另外，若双方都走缠抖劲的话，则看哪一方的变化更灵活、更迅速，以决定胜负，并无绝对制胜的招数与办法。

从用劲方面看，有刚、柔的变化，如上文所述，而从动作、形势等方面看，陈式太极拳还有"舍己从人"这个特点。

"舍己从人"，是不是指完全听从对手而动作呢？是，又不是。原来双方对抗时，对手的动作是完全不听我方主观意志的指挥的，而且双方正相反。如何应付这样的客观现实呢？当然不能以"不变应万变"，也不能不管对手如何动作而只管自己动作，这样必然不能适应对手的变化。因此，针对对手的具体情况而采取相应动作，便成为唯一正确的可行办法。适应对手，既可以化去对手的劲，又可以使对手难于觉察我方的变化，在顺随对手动作的同时"听"出对手用劲的横直（凡用劲必然有一定方向），在对手不知不觉时改变对手用劲方向（以横破直，以直破横），使之由顺劲变为背劲，这便是第二步，由舍己从人转化为制人从己。说是两个步骤，但实际上，动作是完整一气的，每一个由柔到刚的变化，都包含这两步，大的如摔法、拿法——懒扎衣的右臂接对手和斜行的左臂按对手，都是先与对手同向运动，引之深入，然后回劲摔出，或拿住对手。这里除用劲变化之外，还有变换步法占据有利形势（用腿顺势拦在对手身后，绊住对手腿部）的作用。小的如各式打法，发抖劲以前都有一个小回劲，为的是分清对手用劲的阳横直，而后顺势发劲——绝不与对手顶劲。

总之，"舍己从人"实际上是针对对手具体情况随机顺势而取得胜利的积极主动的一种办法。如果以为只是"舍"与"从"，只有化的作用，则嫌片面了。

（2）视觉应注意什么地方？这也是一个莫衷一是的问题。我们的理解如下：

视觉是人类了解周围环境、认识客观世界最重要的感觉。远到遥远的星空，近到眼前的毫发，眼睛都能看到。当然，视觉与其他感觉一样有一定的域限，由于视觉在生活中的重要作用，经过若干年代的发展，而非常精密灵敏，到今天为止，某些现象的观测，如极弱光线的感知，仍以目测进行，非任何精密仪器所能代替（当然，仪器也有远远超过目测的某些方面能力）。心理学研究告诉我们许多这方面有趣的事情，这里就不多谈了。

人类感知周围环境的大小、物体的距离和速度、状况等全凭视觉，在与对手相抗时，在彼此身体未接触以前，全凭视觉判断形势——对方的运动方向、速度，运作的优缺点。技法熟练、经验丰富、拳理深透的人甚至凭视觉就能从动作中看出对手弱点，一击而中。所谓"睁开眼了"就是这个意思。在双方身体接触以后，触觉、压力感觉等固然重要，但视觉仍起主要作用。对手身体活动的任何变化，仍主要依靠视觉判断。因此，在对抗时，必须紧密注视对手。事实上，推手时也必须如此。如果闭着眼睛推手，除非功夫相差太远，否则必然吃亏。

问题在于，练习拳式时人应该注视什么地方？我们认为练拳式时应该着重注视假想对手所在位置，因此，不能只注意手。有时要注意手，有时却不能只注意手。例如在六封四闭中，双手下蹋外辗时假想对手正在对面，所以应该注意手。及至将到后面将要换劲下按了，则假想对手并未随着自己的手而转向自己左上方，仍然在自己前右方，这时就不能再注意左手了。这是一式中的变动。另外，在"倒卷肱"式中，假想对手在前方，而手则由前向后运动，所以只能看前方而不能向后看手。再如金鸡独立、朝天蹬，不管手向上还是向下，都假想对手在前方，所以，同样不能注视手……总之，有各种情况，却不能以一律万，只应明确一点，以注视对手所在位置为主，再兼顾全局，对"手"注意与否，以此为转移。

（3）"顶劲"问题。在推手对抗时，最忌双方用力互相顶抗，只要相顶，劲就僵滞，而成为拼体力、比劲头的运动，太极拳技巧中的粘、黏、连、随的作用就都丧失，而变成互相僵持。还有一点要说明，就是上文缠劲部分中提到的运用缠劲截气而拿住对手肢体，这与顶劲是不同的。截气是原来顺着对手用劲，趁机找到其动作中的缺陷，破坏其顺劲，截断其连贯的动作，使其有僵滞部位而用劲拿住，虽然使对手感到力量极大，不可抗拒，但绝不是用劲硬拿，与对手顶劲。过去有些人没有弄清楚这一点，以为自己被拿、无法抗拒是由对手力大所致。

此外，还有一个陈式太极拳拳式中独有的特点，即"震脚"。有人说"震脚不科学""是硬拳""震脚伤脑"，等等，我们对这些话不作为恶意来猜测，只认为他们并没有了解震脚的作用和生理关系。

在陈式太极拳头二趟拳式中，的确有许多地方有震脚。例如："金刚捣碓"，右腿上步以后，收回落下，可以震脚；"金鸡独立接朝天蹬"，右脚下落时可震脚；小擒打以前，右蹬一根接掩手肱拳，右脚下落时可以震脚；二趟的"翻花舞袖"和"斩手""夺二肱"都可以震脚。另外，头趟"穿梭"还有双震脚。震脚在这些地方起什么作用？除了上文所说的跺踏对手的技击作用之外，在拳式锻炼中，主要是为了使全身的用劲完整合一，使全身各部位的用劲在丹田领劲下，在一刹那同时下沉，使所有动作同时暂停，使重心更加稳定（在动作正确以后，会感到力量下沉直到双脚），既有利于收式，又便于以下起式发劲。因此，不仅头二趟结尾用"金刚捣碓"收式，而且在套路中适当配合若干可以震脚的动作，也便于沉气换劲，这就是震脚的主要作用。至于会不会伤脑呢？这可以完全放心。不仅人的身体本身有若干部位，如各关节有韧带的地方有缓冲作用，而且做这些动作时人本身并非全身僵直如同木棍一样地径直下落。在丹田领劲之下，承受反作用力的主要部位是丹田，承受地面压力和冲击的是脚掌。"震脚"这类动作是有其独特性的，如果未经亲身掌握，则难以体会。当掌握以后就会发现，在加大运动量、下力气、吃工夫的时候，如果不震脚，有些运劲不容易做到位。非震脚不可！此外，为适应体弱、有病、年老等情况，并非一定震脚不可，也可以在丹田领劲之下，换步后，待气缓些再下降，脚轻轻落下，因此这些顾虑和看法可以完全打消。

综上所述，可以知道，陈式太极拳不仅有独特的技击效用，而且有良好的健身（养生）作用，因此适应范围很广。年轻体壮的，可以既掌握技击，又增强体力；年老病弱的，也可以先着重于健身（练拳架、减少运动量、降低维度），等体力转好后再酌情学习技击。尤其是陈式太极拳头二趟，我们认为在拳式安排上是经过精心研究的，不仅注意到各个拳式动作的难易程度，按着由简到繁、由易到难的次序排列先后，而且注意到运动时的张弛结合，有缓气休息的间隔，依其运作间的联系又穿插许多变化。例如，掩手肱拳可接金刚捣碓，可接六封四闭，可接小擒打……加上各式动作各有特点，练起来，只要动作正确，用劲合于基本要求，就会越找越细，越研究越深，渐渐感到"奥景奇澜，层出不穷"，进入较高的艺术境界，兴味极浓。（附注：陈式太极拳的动作比较复杂，为适应初学者的要求，在原架势套路的基础上，应该整理出一套简化的、可普及的套路，以便于传播）。

（三）陈式太极拳的锻炼要点

1.认识锻炼的艰苦性

从陈式太极拳的特点看来，可以知道这种拳式动作较复杂，难度较大，练起来极不容易。据我们所知，仅仅要掌握头趟拳式的动作，达到用劲基本正确，也不是短时间就能轻易办到的。而且头趟缠劲未走好，二趟的抖劲就不可能掌握，同时每一式的动作不经过几十次的反复改正，也不易合于要求。在学习的初步阶段，有些较难动作如"头趟青龙出水"等，可能相当一段时间做不成。往往知道各式动作有缺点，但就是改不过来……并且，有时此拳式已然掌握了、顺了，以后还会经常感觉别扭。在练习过程中，如果不是事先有充分的思想准备，就不免产生苦恼，动摇学习的信心。所以，在练习以前必须充分认识拳式的特点、难点，下决心一定要学会它、掌握它，应该用愚公移山的精神进行练习。其实，这也是学习任何事物的一条普遍规律，要取得较高成就的一个必要条件。反过来，经过艰苦锻炼，还能进一步培养坚强的意志。

2.循序渐进、按部就班地学习

这就是说要分阶段、按计划严格地学习。如前文所说，分三个阶段，先学拳式，后学推手，最后练操手，而各阶段又自有其阶段划分。如拳式必须将头趟动作的用劲掌握好，之后才能学二趟，否则不仅二趟的动作用劲掌握不了，还会出现许多毛病，今后难以改正。对于推手、单式操手也是如此，如果不先熟习套路使动作正确，只打算运用招数制服对手，同样也会养成好顶劲的习惯，反而妨碍推手技巧的提高。我们也确实见到许多好高骛远的人在练习时走了这样的弯路，不得不提出来以供新学的人参考。

大略说来，练习拳式的第一步，要先注意各式动作的层次部位。这时，只要记忆清楚，并不需要多下功夫练习，但可以观察别人的练习并进行比较，发现其优缺点来提高和改正自己的动作。如果多练而使不正确的动作巩固后，反而难以改正。等到动作的次序、时间、部位都较正确以后，则进一步学习用劲（刚柔、缠抖等变化），这就是第二步。同样，先从大部位开始，逐渐及于细微变化。同时先从易练拳式开始，逐渐及于难度较大的，终而全部掌握。这一步比第一步难得多，既要每招每式都改正动作，又要随时巩固动作。这就需要勤奋练习。这里需要注意的是，整个练习过程是一个矫正动作，而不是巩固动作的过程，每一动作不经过多次的巩固→矫正→再巩固→再矫正……的过程，是不可能掌握的。练习以随时注意矫正（找劲）为主，经过多次练习后动作自然巩固。推手动作也是同样道理，在此不再重复。

3.要各种练习适当配合

拳术锻炼是使人从不会到会，再到逐步掌握技击技巧的过程，拳式与推手各起不同的作用，而拳式与推手之间又有以下的关系。拳式可使基本动作正确，推手可加深对拳式用法的领会，并且能检验拳式的正确程度。如果只练拳式，则缺乏应用实践，不能掌握防身御敌的技巧；如果只练推手，则无法使基本动作完全正确，达到一定水平，难以继续进步，必须二者适当配合。从生理角度看，拳式所建立的条件反射，有前庭分析器（看平衡）、运动分析器的，但缺少触觉和压力感觉的。如果不练推手，在与人对抗时，由于多了这两种刺激的干扰，原来的反射不能顺利实现，再加上对手的外力影响，原来的动作就不易或不能发挥作用，所以必须配合推手。再者，如果推手过早，则基本动作未能做正确，也会阻碍进步。所以，必须在拳式达到一定水平之后，紧密地配合推手——单推与双推，在实践上是由慢到快、由简到繁，逐步掌握技巧，达到"动急则应急，动缓则应缓"的要求，才能收到理想效果。

另外，在个人练习中，对各种拳式、各个运作的掌握也是不平衡的，有的掌握较好，有的较差，所以，必须在全面掌握的原则下，各个击破自己的难点，从而，由局部的变化逐渐达到全面提高。整个过程就是如此反复地进行，推手也是如此。

由于个人的体力、以往形成的动作习惯、领会的深浅等都不一致，所以运动量的大小也要适当。拳式粗略地可分为大架、中架、小架，每日分别进行练习。而且，同等架也可以较快或较慢地练习，因此又可以有大小、快慢等区别。

再者，推手练习还有一个必须注意的问题是，找对手的问题。由于每个人的体力、技巧等都不相同，如果只与少数人，甚至只与一两个人推手，则只能适应部分对手，技巧局限于很小的范围，所以必须在可能的条件下，尽量找各种不同类型的对手来练习，这样才能使所掌握的手法细致、全面，达到较高的技巧水平。

4.掌握规律是主要目的

在现实中，可能遇到的对手是各种各样的，在推手时，双方形势又是千变万化的，如何才能全面应付呢？答案是必须掌握规律。这要经过以下过程：先尽可能掌握更多的具体手法，通过分析研究，从中找出固有规律，进而针对具体情况灵活运用。原来，对抗情况固然千变万化，但概括起来不过七八种劲路，难的是怎样具体加以运用。如果仅仅是抽象理解，则遇见具体情况时根本无法应付，缺乏具体手法。必须经过一个具体→抽象→具体的过程，不是死记硬背的手法，而是具体情况具体分析，针对实际形势创造性地运用手法。可以借鉴拳式练习的规则，也可以参考拳论，但更主要的方面是在推手实践中摸索，总结得出规律认识。

另外，俗话说"三分练，七分看"，经常观摩别人的练习，能客观、冷静地加以分析研究而得到领悟，也是一种重要的学习方法。

最后，还有一个问题就是，拳式和推手动作中有没有什么内在的、看不见的内劲存在？我们的答复是：内劲与形式是统一的，只要有内劲变化，就有相应的动作表现，可能有微细的较难以看出的不同，但没有"有用劲"而"无动作"表现的情况，同时用劲顺背是完全可以从动作中看出的（当然也可以通过接触来感知）。姿势、动作、用劲都正确以后，从表面看来，动作也更和谐、优美、完整。功夫较深的人，动作时更加神定气足、威武大方，给观者以艺术感受。

永远的怀念
——回忆我的父亲陈照奎

陈瑜

岁月如梭，光阴似箭。不经意间，父亲离开我已经30多年了。打开封尘的记忆，往事如潮水般涌上心头。

1962年，我出生在北京市宣武区。母亲祖籍山东。在我2岁时，父母离异，我被判给了母亲。4岁时，我便被送到住在山东农村的姥姥家。每个月父亲都会给我寄来一定数额的生活费。那时，家家生活都比较艰苦，姥姥家靠种地维持生计，由于营养严重缺乏，我得了气管炎、软骨病、大脖子病（就是现在所说的"甲亢"）。为了治疗大脖子病，每天需要往肿起的脖子上打针，几个大人用力按住我，疼得我不停地叫嚷，一年多后才治好。当气管炎发作时，我便喘不过气来。尤其是天冷、天热或换季时，更是闷得难受。那时只要是蹲下去再起来，我就要张大嘴巴，深深地呼吸才能喘过气来，因喘不过气，皮带曾经断过三根。软骨病更加严重，拔河时，只要稍一用力，胳膊便脱臼，不能动弹。每次倒立时，由于我的双臂没有力气，总是把头撞到地上。由于缺乏营养，我的身体很虚弱。

7岁该上学时，我回到北京，被送到宣武区羊肉胡同25号的家门口。我独自走了进去，当时父亲正在教拳，见到我很高兴。奶奶一把将我搂入怀中，眼泪就掉了下来。这是我有记忆以来第一次见到奶奶和父亲。自此我便和他们生活在一起，我们3个人相依为命。半年后，父亲开始教我练拳，开始了我的习拳生涯。我的身体逐渐强壮起来。

10岁时（1972年），奶奶因患尿毒症不幸离开了我们，我在奶奶的遗体旁整整守了三天三夜。家中只剩我和父亲了。为了维持生计，父亲经常要到各地去教拳。1972年，伯伯陈茂森来到北京邀请父亲回陈家沟教拳。于是1973年，父亲第一次回到了陈家沟，由于我要上学，便把我托付给邻居照顾。家中只留下我一个人，我要自己照顾自己，养成了较强的生活自理能力。

在我的记忆中，父亲不仅武艺高强，而且文学水平高，口才也好。平时只要有空闲，父亲就会给全院的大人、小孩儿讲《西游记》《水浒传》《三国演义》等名著故事。那时人们的精神生活比较匮乏，每天都盼望着我父亲说书、讲故事。每当讲到精彩处，全都瞪圆了眼睛，大气儿不敢喘。谁要是咳嗽一声，大家都用眼睛瞪他。听父亲讲故事是我们最大的享受了。可后来派出所的警察来了，说父亲宣传迷信，没办法，故事只好中断了。

1974年，父亲带着我再次回到了陈家沟。当时和父亲学拳的有：陈小旺、陈正雷、朱天才、王西安、陈德旺、陈素英、陈桂珍、陈春爱等。后又随父到了郑州，学拳的有：张志俊、张麒麟、张茂臻、马虹等。先后住过张志俊家、海玉清家、张茂臻家。光搬家就搬了四五次。1975年，我和父亲又到焦作传拳。1976年，我们到上海，见到了顾留馨。当时学拳的有：万文德、杜文才、张才根等。1974—1977年，我们曾先后去过陈家沟、石家庄、上海、郑州、开封、焦作。曾在杨露禅学拳地附近住过，在陈立州家、陈正雷家也住过。当年大队部指派陈立州的父亲专门给我们做饭。那时正值冬天，室内比室外还要寒冷，晚上睡觉时都要穿着衣服钻进被窝，待被窝暖热了才敢脱衣服。当时农村条件就是这样艰苦。为了维持生计，拉煤、出窑砖、拉粪，什么活我都干过。我们父子俩相依为命，闯荡江湖，四海为家。1977年，我便开始独立闯荡，主要是在温县，父亲则是各地传拳。从1974年到1981年，整整七年时间我们总是奔波于北京与河南之间。至1981年，当时父亲在焦作，我在北京。5月5日，我接到电报，说父亲病危。于是我连夜赶往焦作人民医院。一进病房，看见父亲躺在病床上，身体很虚弱。父亲看到我后一直流泪，已经说不出话来。我含着眼泪紧紧握着父亲的手，不忍放开。父亲是我唯一的亲人，是我相依为命的亲人，父亲这一走，就只剩我孤孤零零的一个人了。我该怎么生活？父亲临终前，他饱含泪水的眼一直望着我，那一幕我永远定格在内心深处，我知道父亲放心不下我，我的心在流血。父亲呀，你就这样走了！就这样离开我了！

我家世世代代以练武、教拳为生。回忆父亲，自然离不开习武、传拳。我7岁的时候，就开始了习武的生涯。刚开始的时候，父亲除教我家传的基本功以外，还要求我每天练5遍拳。父亲教拳以严格著称，他看我练拳时，不仅要求我招式准确，还要求动作到位，架子要低。每天规定的遍数，一遍也不能少。有件事我一直记忆犹新：一天，父亲教的动作我没记牢。回家练拳时，父亲要检查，于是我格外紧张，竟然把这个动作给忘了，吓得我都不敢动，愣在那里。父亲非常生气，严厉地训斥了我，并且当着全体师兄弟们的面儿，要求我重新练。从那以后，只要是父亲讲课，我就赶忙坐在床上听着（因家里只有15平方米，师兄弟多，所以每次我都是在床上坐着听课），比画着，生怕父亲再次训斥我。特别是在练了一天、别人都走后，父亲总是满脸严肃，不顾一天的劳累，重新给我捏架子，一个动作捏下来，累得我腿直抖，脑门上的汗马上就流下来了。最后实在坚持不住了，我都会大叫一声"哎呀，受不了了！"随即站起来或一屁股坐在地上。这种做法，父亲不知给我捏了多少次。一次，父亲让我摆一个动作，我摆好后，父亲让我坚持一会儿。可是没想到父亲到外屋抽烟时，居然把我忘记了。不知过了多久，父亲才想起我，等他进屋时，我一屁股瘫坐在地上，累得不能动弹。

父亲平时非常注重让我练习单式，每次检查，如果父亲不说停止，我是不能动的，始终要保持标准的动作。因为父亲说过："咱们家的东西，不练够一定遍数，不吃大苦，是领悟不了其中的奥妙的。拳打千遍，身法自然。拳打万遍，神机自现。拳打十万遍，大乘境界。"父亲在练拳方面对我非常严格。有的时候，我的某一个动作总是打不好，手法不正确，身法不正确，外形也不正确，加之学习不好，父亲非常气愤，就会让我伸出双手，用木板狠狠地打我，打得我双手手指流血。曾经我受不了父亲的严厉，离家出走了。躲在离家不远的地方，不愿再回家。直到深夜12点多，实在太饿了，没办法，又回到了家中。父亲说："你是我的儿子，你肩负着重任，如果不好好练拳，怎么对得起祖宗。你要记住，要想人前显贵，毕竟背后受罪。你要付出更多的辛苦！"现在，我终于明白了父亲的良苦用心。

自父亲去世以后，我忽然意识到自己肩上的担子更重了。继承家学，使之发扬光大；不能使祖宗用血汗练出的拳艺，在我手中失传。每当看到照片上爷爷、父亲用严肃、深沉的目光望着我时，我就心中默默地想，这时我还能依靠谁呢？只能靠自己！为了弘扬拳法，我下了狠心，不和任何人接触，失掉任何外界联系，专心致志、全身心地投入练拳，苦练三年。在父亲去世后，我牢记父亲的话，一直苦练了三年，其中甘苦只有我自己知道。头天练了几十遍，第二天就不想练了。可心想，干啥去呀？工作也辞了，再接着练。第三天又不想练了。不知大家想过没有，一天练个五六遍，人人都能做到，但当让你一天到晚不停地练，几年如一日，你还能受得了吗？说起来容易，做起来难。练拳一天下来后，浑身都疼得受不了。最苦的时候，吃了上顿，下一顿还不知道在哪。即使在那样的困境下，每招每式我都认真练习，不敢偷懒走样。有时练得发烧，浑身烫人，若往身上泼一碗凉水，马上就干了，热气直冒，浑身发黏，出的汗就像白药膏一样，后来皮肤开始发红。真是拉筋开骨，换气换血，易筋易髓，浑身烧得人躺着也不行、坐着也不行，再躺下，还是不行。上床时，抬不起腿，就用双手搬着腿往床上放。但是我体会到了拳经上所讲的，练拳到一定程度，"两肾如汤煮，膀胱似火烧。鼻子涌动，耳后生风"。有时在练祖传内功坐桩时，出现了"大定"。真是功夫不欺人，一分耕耘、一分收获。这时我才理解父亲为什么长期"打坐"。

我苦练的时候，曾经练得全身疼痛，手不能摸。等练得浑身发热后就不疼了。第二天又疼痛，又热身后不疼了，再接着练。直练得腿不会走路，要叉开腿走，甚至一点一点往前挪。夜里起来解手时，走不了路，要双手扶着墙，才能挪到厕所。当时只有一个信念：既然爷爷和爸爸都能这样挺过来，我绝不当孬种，对不起祖宗，更不能让家传技艺在我手中失传！父亲讲："拳法千言万语不能尽其妙。其实两个字就可以概括，'开合'二字而已。"多少人问父亲"开合"二字怎么解释，父亲只是一笑，说："到一定程度，才能明白。要从身上去找，从意气上去找，最重要的是胸腰折叠。"其实很多人做不到，大家千万不要望文生义，字虽然人人认得，但其内涵要经过详细讲解才会明白。

父亲对我拳法上的教育很有特点，因材施教。记得小时候，父亲让我养猫养狗，让我观察它们动作的灵活性，看它们是怎样攻击对方和自卫的。我特别欣赏猫的灵活性。我抚摸猫头时，一只老鼠从旁边蹿过去，猫噌地一下从我手中窜出，按住了老鼠。其速度之快、身形之灵活是人所做不到的。另外，父亲让我抓住猫的四只爪子，举高使之悬起，然后一松手，看它怎样落地。在我松开手的一刹那，它的腰用劲儿一翻，总是四肢朝下，稳稳当当接地，摔不了它。父亲对我说："关键在于腰劲儿。"人们常说，人老先从腿上老。其实是先从肾上老，腰劲儿一旦没有，腿就抬不起来了。在陈家沟陈德旺家里，父亲让我看兔子蹬鹰。我养兔子，追兔子，看它在转身蹬我的一瞬间，它是如何反应的。我养兔子的目的就在这儿。兔子蹬我，是连咬带蹬。那一下，其力道就像成年人用脚猛踢了我一下似的。我养狗也是如此，激怒它，看它如何反抗。这是父亲利用我好玩的天性，让我观察和研究动物的搏击特性，引导我学拳。我现在每天看电视，喜欢看《动物世界》和武打片。一方面观察动物之间的搏斗动作；另一方面研究武打片中的武打动作，刺激自己的神经系统，练身体的胸腰折叠，激起自己的内在反应。这样才能练出自然反应，激发潜能，使内气潜转。这

194

种感觉，才是武术搏击中最需要训练的本能反应。我牢记父亲的教导：把练功生活化，生活练功化。

我特别佩服父亲拳艺上的绝活。父亲的第一绝是扇嘴巴子。我亲眼看到父亲打地痞流氓，一个耳光扇到对方下巴上，对方腾空而起，在空中翻转360度，又落在原地，而且不让对方受伤。对方都被吓傻了。第二绝是把对手往下打，对手却腾空往上跳。父亲的第三绝是只要对手抓住自己的胳膊，父亲好像没动，对方就被弹了出去。父亲双臂往里一合，对方就立刻跪下。我们家最早的时候住平房，家中除了一张八仙桌是完整的、没有被损坏以外，其余的家具都是缺腿的，连墙皮都让师兄弟们撞得粉碎。记得有一年，八一队举重运动员小方和父亲推手。小方一发力，父亲顺势一抖，小方就腾空了。小方当时有200多斤重，跌落在床上，床板都被砸折了，床腿也断了。当时我坐在床角上，床的剧烈震动使我从床上滚了下来。父亲一个箭步冲上来，把我抱起。

人们常说："靠教拳为生，是闯荡江湖、刀尖上舔血。"这话一点儿都不假。父亲一生命运坎坷多舛。

父亲既要教拳，维持全家的生计，又要刻苦练功，特别是内功修炼，一天也没有停止过。1969年，我刚回到北京，上小学一、二年级，有一次半夜起来，看见沙发上坐着一个人，把我吓了一跳，我站在那里仔细一看，原来是父亲在"打坐"，练静功。从那时起，我才知道家传功夫中有"打坐"的修炼。父亲从上海传拳回来以后，因为失去了工作，心情非常不好，血压开始升高，又无钱治病，只有靠"打坐"来调养，这是我听父亲说的。在艰苦的岁月里，父亲好像有预感，怕家传功夫失传。1971年，父亲经常带我从果子巷到崇文区东便门东南角的火车道旁边练拳、教拳。父亲骑车带着我去，冬天顶着风骑起来非常吃力。我记得1972年父亲有一次早上去教拳，让我在家擦桌子、扫完地再去。可能是由于练拳过度劳累，我竟然睡着了，因为我没起来，旷课了，没听他讲拳，父亲回来就狠狠打了我一顿。父亲也很不容易，有一次在练功时，不小心碰得一个脚指甲整个都掀开了，后来伤口化脓，他用自行车车轮使劲儿压自己的脚，用手把脚指甲给拔了，再抹上紫药水。在那个年代，家里由于经济困难，看病花不起钱，只有用土方法给自己治病，治不好就忍着。父亲到了晚年，身心憔悴，贫困交加。有一次从外地回北京，北京站离家很远，可是他身无分文，连公共汽车票都买不起，只好步行回家。真是大丈夫也有穷途末路时，一分钱难倒英雄汉！

父亲崇高的人格让我敬佩。父亲对待传统文化的实事求是的态度，更让我受用一生，指导我练拳和做人。他对待爷爷传下来的拳法和技艺，一招一式从不敢更改。他经常对我说："咱们家的东西，是多少代人流血流汗得来的，是多少代人智慧的结晶，是几千年传统文化的延续，我们继承都有困难，练不到一定境界，也理解不了，更不要说去更改了。在练武上，今人的功夫无法和过去相比，怎么敢对过去的人创造的拳艺说三道四、妄加评论呢！你爷爷的功夫比我强得太多，咱们只有好好学的份儿，应该对以前的东西保持敬畏的态度，不能有丝毫的篡改，否则就是欺师灭祖，使传统的东西失传。有些功法我们不理解不要紧，传给后人，等将来科学发达了，自然能解开其中的奥秘，也算我们对后人做出贡献了。如果我们改了，就什么都没有了，祖传的文化精髓就会在我们手中中断，上对不起祖宗，下对不起后代。小胖（我的乳名），你记住，即使我将来不在了，你也不能有丝毫的更改。"所以我现在教拳，主要靠回忆父亲是怎么样教拳的，自己从来不敢"创造"。我在跟父亲学拳时，练错了就挨父亲揍，我的手指有时都被父亲用棍子打得出血。当时练得太苦，父亲要求过于严格。我曾经想，一旦跑了，就再也不回来了。可是我往哪跑呢？小小年纪跑出去又能干什么呢？只好再回来继续练拳。

父亲身高只有一米六二，但父亲的功夫我却学不到那种境界。200

多斤重的人，在他手里像扔皮球似的，一拍就扔出去了。我虽然知道其中的道理，但仍感到神奇、不可思议，因为知道和做到是两码事，其中有很大的距离。父亲对待武术，历来是实事求是，既不夸大，也不缩小。有人传说他会轻功，他说："轻功我是学过，但并不是像人们传说的那么玄，腿上绑铁瓦、挖坑往上跳、跑木板上墙、扒房檐上房、滚胯翻墙是可能的，但百步穿杨、隔空取物是练不成的。贴墙挂画，是在墙角旮旯，平面根本挂不上。身体不接触，意念打人更不可能。"当年在上海教拳时，就有其他派别的太极拳高手据说能发凌空劲儿，但在父亲身上试手，就打不动，没有丝毫作用。

我们父子相依为命。跟父亲练习太极拳后，我的身体逐渐强壮起来，是太极拳给了我第二次生命。奶奶去世后，照顾父亲的重任便落在年幼的我身上。为了照顾好父亲，我便到姑姑陈豫霞家，和姑父学习做饭（当时姑姑家和我家只隔一条马路），给父亲洗衣服。冬天，水冰凉冰凉的，为了洗衣服，小手都被冻烂了。父亲有一只皮箱子，里边装满了小说和太极拳方面的书籍。无论他到哪里教拳，都会随身带着。最后一次见到这只箱子时，是在父亲去世后，但是箱中空空，所有的书籍都不见了。我和父亲一起生活十几年，虽然贫穷，但精神生活非常丰富。话题仍然是家传拳法。我回忆和父亲在一起谈论的主要内容，几乎都是拳。

在我闭关苦练的三年中，我经常梦到父亲，指导我练拳。在闭关快结束时，我又梦见父亲回来了。父亲对我说："你干嘛老盯着我？你是不是想说我死了？告诉你，我没死。我天天看着你练拳，你练不好，我能走吗？怎么和你爷爷交代？你照这样练下去就可以，不要再改动，咱家的架子就是这样的。你给我记好了，千万不可走样，切记！"我说："爸，你吃饭吧。"父亲不吃，说："我以后再回来看你。"可从那以后再也没有梦到过父亲。父亲啊，你在哪里？我多么想听你给我讲故事、听你给我讲拳理。多想让你再打我一次，体会身体在空中翻转的劲道，体会家传绝学的奥妙。想你时，我望着爷爷和你的遗像，独自坐到天明。你和爷爷是否在那边一起研究拳法？你们什么时候能再来看我、教我？你们的拳艺，有些奥秘我至今没有完全参透，多希望得到你们的指点。我对苍天喊，父亲啊，你在哪里？我对大地呼唤，父亲啊，你在哪里？父亲——你是我永远的怀念！

忆陈照奎老师当年谈拳

妥木斯

我随陈照奎老师学拳是在1971年，至今已是四十七年前的事了。

陈老师留给我的印象是他身体发胖后的形象。和我一般高，1米63左右，属小个头儿，当时的体重已有百六十斤。然而这并非他愿意的结果，他让我看过他在南京长江大桥上拍的照片，判若两人，属清瘦型。那时他是在高运动量中度过每天的时间，一起床先出去跑5千米，跑完后洗漱、吃早点，上午去体育宫一口气练十趟拳，然后再做1小时的单式练习，下午教拳。"文革"一开始，他即刻悄悄返回北京。回到北京，无法正常设场地教拳，但生活又无其他经济来源，就在北京几个不引人注意的地方又教上了拳。半隐的生活使运动量骤减，但消化吸收能力仍很强，于是身体开始发胖起来。他心情不好，常抽一个大烟斗，老母亲的逝世对他打击很大。他在给我的信中称："这事对我精神影响很大，血压也突然增高……"这一切对他的健康都构成无法摆脱的伤害。

他是个极有科学精神的太极拳大师，他教的拳是低架，为了增大运动量及技击实用性，他还教了一套活步（增加步法）太极，很吃功夫，一趟活步比三趟普通的都要累。他拿师爷陈发科的拳照给我看，说这是老人家晚年的架子，为了省点力，不愿意往低放，其实他家传统的架子是很低的。在教我们时，他极严格认真，先示范讲解，再领着大家做，估计大多数人都掌握了，就一个一个地让每个人都做一遍，他进行纠正。对个别不会的人，再另教。我因1959年跟崔毅士老师学过杨式太极拳，20世纪60年代还学过八卦、形意及三皇炮捶，肢体尚受头脑支配，而画画的人对形象事物也感受得快，容易准确把握，所以陈老师对我还蛮有兴趣。后来他让我去他家里，这给我和老师的关系提供了更多接近的条件。在家里，多半是教推手。

在学拳期间，我帮老师完成两套推手资料，老师对我有了更多的了解和信任，他把自己的一些拳学资料让我阅读和笔录。他对神秘的观点持否定态度。在上海教拳时，一位"空打"专家投至其门下学拳，那人还要弄玄，老师为使他清醒一些，一次讲拳时让他出来接一个俯靠，事先说清楚"击地捶是一靠法"，让他做好准备，结果还是一靠就打得那人连滚带爬出去了。事后其人为挽回面子，请老师吃饭，陪席的有他的弟子若干人。他在席上对陈老师说："您练拳时，我看见您身上有一尺多厚的气！"陈老师没接受他的这一捧法，对我说："这人还是个大学副教授呢，怎么会没有科学态度？"这位能隔墙发功倒人的功夫家，经不住一靠的事实，真假功夫泾渭自现。

陈老师精于拿法，陈式太极拿法内容丰富，基本原则是"顺人之劲，背人之节"，在被拿人还没发现自己被拿时，拿法已经用上了，等拿上后才发觉"上当"，为时已晚。拿与解互为关联，许多拿法都是反拿，这符合太极拳原理，后发先至。陈老师从来没有传授过什么"绝招"。我在呼和浩特时曾从一些老拳师处学得几手拿法，如"湘子挎篮""铁拐李抱葫芦""秀女抱金瓶"之类，被说成"无破的绝招"。老师让我施拿，并让我认真做。我一使劲儿，他一抖，将我从地上弹射到床上。他说"再来！"第二次再拿，他顺劲一走就把我崴在地上动弹不得，我情不自禁地叫声"妙！"他说："再来！"我第三次拿住，他另一只手向被拿手一拍击，把我弹射到墙上，时空关系掌握得极精妙。我说教我的人说这些是绝招，没破。陈老师笑着说："没那回事！手法都是相生相克，哪有没破这一说！"一次讲拿法的撅腕，我说我的手腕很软，不怕撅。老师说："我看！"双手撅双手，我一松软，老师一转圈，我立刻疼痛难忍，蹲在地上。听师兄弟们讲，也曾有公安部的同志专门来学拿法。陈老师没给自己归纳有多少种拿法，不是没想到或没来得及，而是规定的本身就是限制和束缚。只要从根本上懂得拿法的道理，应该能千变万化。对"松开"，陈老师特别重视，我辈常犯的病是“没松开”或“没松好”。他常用“松开”而不用“放松”这个词，是有意让学员理解“松”的要求和日常生活中的不使劲、耷拉像的区别，陈老师所说的“松”绝不是软了。一次他给我讲“松开”，把一只臂膀放在我的右肩上，我站在桌子旁，他一给劲，我有些经不住，便顺手扶托桌面支撑。他笑了笑，又一给劲，我便被压得坐在地上，肩部痛了两三天。还有一次，他以高马步站在那里，让我推他胸部。我弓步前脚踏入老师的裆内，双手推挤，不能动。换了使劲的方向，向上、向下或左右，都动不了。我难以理解，老师说这就是“松开”。我当时的手上感觉是无法推动，像推在墙壁上。他讲，无松则不能活，没有松活则无法弹抖，“松、活、弹、抖”便无法实施。

陈老师运用弹抖更是一绝。弹抖能在最短的时间内完成化发的转换。对速度，他认为“练”可以有快有慢，“用”就是要快，要“一稳二快”。乒乓球的威力是靠速度和旋转，拳法也是。在上海听顾留馨先生谈杨澄浦要求发劲要脆，像把一只玻璃杯突然摔到硬地上，而不是慢慢扒拉下去（从桌上）。想想拳论中，“发劲如放箭”“发之至骤”“突如其来，人莫知所以然”“来宜听真，去贵神速”“静如山岳，动如电发”“发手要快，不快则延误”“起手如闪电……击敌如迅雷……”等等，确实都说的是快。王宗岳的“……观耄耋能众之形，快何能为?”绝不是反对出手快。太极拳的快是由松活弹抖与依着何处击决定的，这和慢练并不矛盾。如“四两拨千斤”，绝不是说小力可打大力，“打”也肯定不是打得上、打痛的意思，是打动的意思。“拨”不是准确的动词，是“……我则从旁击之，以我顺力，击彼之横而无力……”，陈鑫这样说就清楚了，人们也好理解。接手后出击之点，双方的劲力关系，是我力大于彼力，否则打不成。其实如果真的不需要力量，何必下功夫练内劲。“拳无功，一场空”是实践之谈，不是想象、推理。王宗岳指的是力小的人可以打动力大的人，但必须用"四两拨千斤"之法，不是小力可以打大力。陈老师对劲力的要求是必须具备一定基础，"手无缚鸡之力是绝对不行的"。如果技术好，可以打动力量超过自己一倍的人。当你被他轻飘飘地打起时，他让你检查自己在松、重心、力的关系方面的错误处理，绝不是给你个"神、意、气"之类的囫囵概念，那会使初学者"丈二和尚摸不着头脑"。有一次，一位学员以右臂挤逼陈老师右臂，而且他是竖位，老师是横位，老师腰间力一抖，带动右臂一弹，学员原地蹦起一尺多高，而且伴有一声急叫"哎哟！"陈老师讲推手时提到，知道他推手的人很少，这和他为人处世的态度有关。我体会陈老师推手中常用的方法是控制人，一直到你失去反抗能力，算完成一次推手。大体上是指拿着你的劲施行劲法制控，绝不是让你跳一跳或退出几步就算完事，他和我完成的一套推手资料基本上是如此。他讲推手时，常常把推手和技击实战分开，从两方面讲解。

　　讲到脚下生根，陈老师形象地说："站在高速行驶的汽车里，一个急刹车，什么人都站不住；站在地毯上，突然拉地毯，谁都得倒！"人的稳定性是相对的，不可能生什么根。他常常强调劲，并和松开并提。人受外力后绝不能失掉劲，这时的劲表现为松开后的支撑劲；发人时劲表现为松开后爆发的弹射劲；走化时劲表现为松开旋转的缠丝劲；按采时表现为松沉的坠劲。劲是拳的整体和局部都具备的，也是太极拳的根本劲。为充实绷劲，老师教我转丹田、甩丹田以及肘、肩、腕等单式发劲练习。一次谈到我的腰曾被弄坏，腰椎长骨刺时，他教我站桩，说："能产生热力，对你的腰有好处。"后来我又专门学了大成拳的站桩功和其他桩功，这与那次老师的指导有直接的关系。

　　在讲到"彼不动，己不动；彼微动，己先动"的辩证关系，他做示范时，我的肢体有一点和他接触，便是我被控制的出击处，我稍有动意，劲路便被控制。谈到不沾身的突然攻击时，我动右腿欲施踢技，腿刚提起，老师的脚已踢到我的右腿根部。他说："目标是裆，这样是为了既说明问题又不伤人。"其出脚之快是我没料到的。

在和他多年的接触中，从来没听他说过或透露过太极拳和道家、神仙、武当山有什么瓜葛。把人民群众千百年积累传承下来的武术，硬说成是和尚、老道创造的，这样的心态他没有。此种心态使得有人把太极拳的创始人追溯到老子。为了和"道"或老子挂上钩，许多人引用老子的《道德经》，欲以阐明太极拳理，用意不能说不佳，却大多是断章取义，根本不是原意，实是欠妥。如有人想给十三式找个正源出处，引《老子第五十》中之片段："出生入死，生之徒，十有三，死之徒，十有三，人之生动之于死地，亦十有三。"老子原意本是论生死关系，生者、死者和该生而动之于死者都各占十分之三，整个一章节都和十三扯不上，可是引用者非要把十有三理解为十三，然后再说："领会老子'第五十章'，那么'太极十三势'就不难理解了。"再如，本来八门五步或者说八种劲法五方步法的总称是很明白的，为什么要往老子《道德经》上挤呢？还有人引第三章"……是以，圣人之治，虚其心，实其腹，弱其志，强其骨"等句，原意本是指治国安民的手段，引用者非要说是"用虚灵平静为心，使上身保持虚静，这样才能阳转为柔，实其腹，即气沉丹田……"。引用经典，当然重要，但不带主观意愿地正确理解全篇意义后，再引用部分字句，尚不失对古圣先贤的尊重。《老子》每章节都有一个独立完整的意思，不同的意思列为不同的章节述之，我们不该切割后按自己的意愿先取一截而伤其全章本义。每看到这类文章，尤其感到朴素、诚恳、不故弄玄虚的可贵，也更加感到陈照奎老师的可敬。所惜者，目下弄玄者众，求实者寡。

1972年，我回到呼和浩特练拳，有许多人想跟我学习，我写信征求老师的意见。他鼓励我教拳，回信说："……从推广陈式太极拳来看，还是可以教的。因为一切还是需要在教学实践中边教、边学、边总结，以达到教学相长，总结提高……如遇有什么问题，可随时来信说明，我一定尽力协助你解决。"我得到老师的同意后才开始教拳。令我难过的是，我们成立"内蒙古陈式太极拳研究会"时，老师已经无法知道了。陈照奎老师属于潜心求道的人，不属于招摇的人；属于诚恳的明师，不属于媒体炒作起来的名师；属于德艺双馨的恩师，不属于喧嚣尘上的宗师。这便是我心灵深处的尊师陈照奎先生。

生命在于调节

——由"太极拳能不能长寿"说起

妥木斯

太极拳在延长人的寿命中能起到什么作用？这是练拳的人常常考虑的问题。

生命效应是综合治理的结果，锻炼只是其中一个有重要影响的环节。练太极拳的人，有人长寿，也有人短寿，别的功夫亦然。看来问题不在拳或功夫自身。

"生命在于运动"的提法一直很响亮，但只注重运动而忽略其他环节，生命的延长便难以实现，所以这个提法是不准确的。我以为生命在于调节，调节影响生命的各个环节，包括参加运动，当然也包括练太极拳。

人的能量耗尽，生命结束，这便是关键。练功者想方设法聚积能量，达到一定程度，便表现为"功夫"。"好功夫""高功夫"都是形容这种人已聚积了不少能量。如果能在能量使用方面懂得节约，即"气宜直养而无害"，用来维护生命的能量就会供应得持久一些。除正常消耗外，若有额外支出，则聚积起的能量比没有聚积起来的能量消耗的速度更大，这一点许多练家都知道。

练功有素者，不良心态的自我伤害也大于不练功者。能量可使精神影响力加倍起作用，练功人的心态、精神作用在其生命中至关重要。

如果把拳术运动看成一种积累和运用能量的功法，上述这两方面的负面效应，就会是许多著名拳师、功夫家、大师们短寿的主要因素，一些太极拳师当然也在此列。

额外支出的消耗使能量透支，可谓之生理伤害；超负荷的苦练使身体长时间过度消耗，随着年龄的增长，损害也日益增长，若不能及时调节，便会伤及生命。另外，有的人经济条件富裕了，生活也不检点了。有事实证明，有功夫者如果不节制淫欲方面的耗损，就要比不练功的普通人损害大，有人比喻为"小溪归大池，决口就不得了"。

心理损害对以练意念为主的功法、拳法是尤需加以防范的。许多人无节制地妄驭七情，给自己带来杀身之祸；"一口气"可使身体调节功能紊乱，伤及腑脏，譬如怒伤肝，还会伤心、伤脾胃等。许多练武之人认为，好勇斗狠是天经地义，殊不知搏杀意念太重者鲜有长寿的。功夫家都说："延年益寿"是宗旨，呕心沥血经营了一辈子"延年益寿"，结果却像一个破产的企业家一样地失败了，门派之内传人都讳言。有人散布"功夫和寿数无关"的观点，既欺骗自己，又回避问题。尤其是近年来，各种拳的养生功都相继问世，但在实践中，许多人"心胸狭窄""英雄气短"。1988年见到一则短文，是一位美国医生写的，大意为：人若常持敌意心态，对自己的心血管系统会带来损害。我认为，有"功夫"的人比常人对自己的损伤更大。

对心态在生命过程中的作用，我举个真实的例子：在我任教的学校，有位王先生，活到九十七岁。在九十五岁那年，我们问他："您练什么功吗？"

答："我什么功都不练！"

"您的生活规律呢？"

"我生活不规律！想吃时就吃，想睡时就睡。"

"饮食呢？"

"不忌口，吃喝是享受，都应该有一点。"

确实，他是肉吃一点，酒也喝一点。酒喝得不多，是红葡萄酒，他认为酒是液体享受；烟也抽一点，不多，他认为是气体享受。平时遇有别人看来是很大的损失或伤害的事时，他都能使自己心平气和。他说："我不能让物质损失后精神再受损失！""文革"抄家时拿走他收藏的几十幅明清时期名家的画，落实政策时寻找不到，老先生说："谁要是藏起来，说明他很喜欢，他喜欢就会很好地保存的……"这不是一般人能做到的。他不是没病或没有可生气的事，而是能很好地进行自我调节。

武术和其他体育项目相同，一方面是有真正的育体性，另一方面是有竞技性。对大多数的习练者而言，前者更有意义。开展武术锻炼活动，对绝大多数的群众来说，不是成为"搏击"大师、专家，更不是成为"搏杀"高手，也不可能使许多人为了达到那样的竞技目标而压榨体能极限，以损害身体为代价。对于这一群人来说，充满兴趣地去从事各项适合自己身体的锻炼是根本，练武术当然也如此。提高健康水平，从而提高生活质量、提高寿命，应是根本目的。

对拳术尤其像太极拳一类的拳术，认定其技击功能是必要的，它对我们深刻认识和理解拳术的内涵，从而提高拳术修炼水平有着重要作用。但如果置身体健康于不顾，总想印证和试试其技击效果，可以想象会出什么事。

有些人为了让没经验又急于想成为搏杀高手的年轻人掏腰包，他们把"速成、高效"功法的虚假广告满天飞地刊登于各相关刊物，这是很害人的。

有人大声疾呼，要从杀伤力方面开展武术训练。笔者认为，这不是所有从事武术锻炼的人都应该做的事情。过去的中国，武术作为性命相搏的技艺也不是所有练武人都能掌握的。这只是一部分人从事一种技艺必备的条件，以此吃饭的人必须达到目标，否则这饭吃不成。

至今仍有部分人练铁砂拳、五毒掌等伤害肢体的"传统绝活"，这是没意义的。我曾打过一年半铁砂袋，也用药洗法。后来到陈照奎老师处学拳，他看到我手上的皮肤有些异样，就问我："你是不是打什么东西？"我说："铁砂袋。"老师告诫我说："没用，别练！你是画画的，将来手的末梢神经会因受伤而不好使的，我见到好些练硬手功的人到晚年吃饭时连筷子都拿不好，你要是练下去，绘画也画不成的……"我从那时起再也没练。年轻时总会有这种不懂事的想法和举动。其实把技击本领和生活联系起来，许多问题就都一目了然。如果不给高额的出场费，不给胜利者大把的钱，拳击比赛是举办不成的。其他对抗性强尤其是性命相搏的体育项目也如此。得不到超乎一定数额的金钱，没有人会去过一把"想打趴下人而可能被人打趴下"的瘾的。中国摔跤、太极拳推手在民间是玩，只有规矩，没有规则，不守规矩就会被大家耻笑并取消玩的资格。所以，它们也是极易普及又充满趣味的运动项目。

练太极拳能不能长寿，实际上是锻炼身体能不能长寿的一个组成部分。健康与生命的维护应是"综合治理"的，是全面调节的结果，主要在于锻炼、休息、情绪、营养、医疗诸多方面的调节，单靠某一项，不可能达到目的。不要以为练了内气、丹田功并达到一定程度，有一定效应，就可以真的"丹田练就长命宝，万两黄金不予人"，就能长寿了。一些内练功夫很深的名家也并未长寿，这是值得思考的。太极拳练得好能长寿，而其他体育项目练得好也能长寿。

生命在于调节，调节各种影响健康的因素，包括选择适于自己的体育项目去从事锻炼活动，太极拳以其适应性广而成为首选。

丹田内转功的生理效应

妥木斯

丹田内转是陈式太极拳特别强调的功夫，在陈家传授的太极拳里，丹田内转是随动作顺便做出的，是走架的一部分。但没有相当功夫的人又很难做好。陈照奎老师教拳架一起式，就要求转丹田带起，双手与之同向异位，即都是逆时针旋转，而手与丹田是在圈的对面，像相斥又相吸一样。我在教拳时，按照奎老师教的方法明确要求由转丹田带起，大家都经过好多年的实践才能转得像个样，但我们就丹田内转对身体生理方面的影响却很少加以体会与注意。近年来，有四个单做丹田内转而对身体产生较大影响的事例，引起了我们的重视。

（一）张某某，49岁，在内蒙古建发公司工作。身体有病，膝关节痛，胃痛，颈椎、腰椎都骨质增生，低血压，双脚总是冰凉。1998年他想学陈式太极拳，我的学员董某某是他的同事，他直接向董某某提出要求，董某某觉得他没任何练拳基础，不好教，于是就告诉他先练个起式转丹田，等能转起来再练拳。没想到，张某某抓住这个转丹田不放，一练就是两个小时，每天两次。到4个月左右时，出现了生理反应，丹田部位热了起来，并向脚下传行，到脚底又折返向上行，双脚汗出，非常臭，同时排出的大小便也特别臭，而膝关节疼痛加剧，甚至连上楼都很困难，又过了不到一个月，关节停止了疼痛，其他病症也基本消失。后来病情虽有反复，但到2000年反复就基本没出现，此时开始练拳架。

（二）李某某，56岁，呼和浩特市消防队退休干部。身体强壮，有劲。原是一般的练练拳架，后来知道董某某教张某某丹田内转功治病的效果后，他也单练起丹田内转功来。原来他也有几种不容易治好的病，肠胃不适，前列腺肥大，小便有困难。他是一次练转丹田40分钟左右，练了5个月后，不仅改善了肠胃系统，更重要的是把原来小便困难的毛病解决了。

（三）赵某某，54岁，已闭经，更年期反应为失眠，神经系统不稳定，常有想从阳台跳下楼去的冲动。李某某教她做丹田内转功，想试试看。她每天早晚各做半个小时，3个月后改变了睡眠状况，由原来的睡不着到能睡四五个小时。练到半年后，已断绝一年的月经突然又来了，他们有些害怕，到医院去检查，检查结果也是出乎意料的，医生说是正常月经，没任何问题。

（四）王某某，80岁，离休干部，腿脚行动不便。李某某看他腿脚不好使，也告诉他练转丹田，说试试看，或许会对腿脚有好处。他从1999年春开始练起，到2000年11月两人见面后，李某某问起他身体情况时，王某某自称感到浑身有劲，腿也不觉得软了，还能骑自行车到地里拾柴。

练了数十年拳，还不知道拳里的丹田内转有如此的效用，而且也没听过和见过哪位传授陈式太极拳的人介绍过有这种情况。对很投入的练功者来说，是有一定效果的。至少，丹田内转功坚持练到一定阶段后，练功者会出现以下生理机能的改变：

（1）迅速增强中气；

（2）打通受阻的有关经络；

（3）平衡阴阳；

（4）直接加强生殖泌尿系统的功能。

我们不是从事医学和生理学研究的人员，对更深的原理弄不清楚，愿有志于此的专家们能予以研究，得出更准确、科学的结论。

为方便研究，现把丹田内转功练法简介如下：

最好取站式，像太极拳的起式一样，双脚平行或略呈八字形，同肩宽，全身松开，双膝微曲也微外撑，使裆口有饱满之感，注意力集中于下丹田处。双臂弯曲，双腕松开弯曲，双手下垂，手心斜对丹田部位，手勿贴腹，双手间离开约一横掌距离。起动是双手逆时针走圆在小腹前划圈，直径不可过大，上不过膻中，下不达耻骨，双手向上走时提腕，向下走时舒掌下按。丹田部与双手同步，同向起步走圈，只是位置老和双手相反，手在上则丹田转到下，手在下则丹田转到上，左右如是。开始转时一下子做不好。要坚持练，转不了多久，就会自如。到转动自如时，手就可不必带动，垂放在身体两侧即可，用意引导丹田转动，意念要和丹田转动的速度协调好，不要脱节。

专练丹田内转功，应该逆时针、顺时针都练，同时也应练其他方向的转动，平转、竖转、斜转、∞字形转都要进行。练丹田的内转要达到球体的转动效果，而不是转各种平面。练熟了，就可以左右前后随意转动，由逆时针转起，逐渐改变角度（要小），转移到直角时即为前后转，再继续变角度，到180度时即变成顺时针转。如果再继续改变角度转，从另外的180度处又回到开始时的逆时针转，这是立起来走左右上下。如果平转，走左右前后也一样，但需要的时间就更多，练者可自己选择。我个人的体会是，立圆顺逆时针转是基础，也是根本。转动的量要自己掌握，循序渐进，无过与不及。

于运动中挥洒色彩的人

——著名油画家妥木斯的太极拳之路

乌力吉

妥木斯先生是我国著名蒙古族美术家、美术教育家，在当代油画界成就卓著，享誉海内外。他以自己在教学、创作上的辛勤耕耘和广泛影响，对民族地区美术人才的培养和内蒙古地区独特地方画派的形成做出了重要贡献。他以草原牧民生活和环境为母题，以自然、朴实、真诚和热情的强烈草原气息与气质的油画创作推动我国"油画民族化"进程和"内蒙古草原画派"的形成。妥木斯也是一代太极拳名家，师从陈式太极拳传人陈照奎。因为文化上的深厚修养和数十年风雨无阻的修炼，他对太极拳的文化理解已经达到极高水平。

妥木斯是土默川人，1932年出生在大青山脚下一个叫王毕克旗的小村落。8岁那年来呼和浩特市土默特学校学习。他从小喜欢武术，在读中学时体育老师郭孟玉教十路弹腿、初级拳等。从这个时期开始，妥木斯头一次拿起画笔的同时也开始了习武。虽然他还只是个天真烂漫的孩子，但老师已从他的痴迷中看到了希望。每当他对绘画感到力不从心时，他就去习武，从中捕捉一种与艺术之间所固有的玄妙联系，来促进他所热爱的事业。这两件看似无任何瓜葛的事情伴随了他的一生，也是这两件事的糅和与交融，造就了他坦荡、坚韧的个性。他先后拜访呼和浩特地区拳师马印学习了黑虎拳、三皇炮捶等拳，到北京蒙藏学校学习后开始接触太极拳。妥木斯1951年在北京西单商场看到一本许禹生《太极拳势图解》，觉得挺有意思，买回来就照着图解比画练习，经过一段时间基本上能把一套拳比画下来。因书上面有些话说得不清楚，不知道什么意思，于是妥木斯每天早起刻苦练习。

1959年，在中央美术学院学习期间师从太极拳名家崔毅士老师学习杨式太极拳，按照老师要求把自学的动作全部予以纠正并开始系统学习杨式太极拳和基本推手方法，从此走上了太极拳正规之路。后来到离学校不远的北京太极八卦研究社跟随王达三老师学习八卦掌。回内蒙古后还跟随关德山先生学习形意拳。1963年，妥木斯买到刚刚出版的沈家桢、顾留馨编著《陈式太极拳》一书，才知道杨式等其他各类太极拳均来源于陈式太极拳，他爱不释手又开始看书比画练习。由于他已经有杨式太极拳基础，加上因学习绘画专业而对书上动作图解有了更深刻的理解，很快就能够把整套陈式太极拳完整打下来了。

1971年，妥木斯在北京历史博物馆画画期间，到建国门外的一个小树林里找到陈照奎老师，正式拜师学习陈式太极拳。陈照奎老师教拳极严格认真，先示范讲解，再领着大家做，等大多数人掌握后就一个一个让每人都做一遍，他从中纠正。陈照奎是一位极有科学精神的太极拳大师，教妥木斯的拳是低架，为了增大运动量及技击实用性，他还教妥木斯一套活步（增加步法）太极拳，很吃功夫，一趟活步比三趟普通的步法都要累。由于妥木斯有练习其他拳种的基础，善于从原理上思考问题，对形象感受得快且能准确把握动作要领，深得老师的喜爱，允许他去老师家里学习推手与拿法。在学拳期间，妥木斯给陈照奎老师完成两套推手资料，一套是和老师一起演示的150余幅陈式太极拳推手技法黑白照片，另一套是妥木斯根据老师资料手绘的陈式太极拳推手之拿法340余幅线描动作图，这是目前保留的陈照奎老师亲自演示的唯一珍贵资料，也是学习陈式太极拳推手和实践的瑰宝。从此，陈照奎老师对妥木斯有了更多的了解和信任，把自己珍藏的一些拳学资料让他阅读和笔录。经过老师半年多的悉心指导和他个人的不懈努力，妥木斯的功夫迅速得以提高，他全面系统地掌握了陈式太极拳推手及丰富的擒拿技艺。

1972年，妥木斯回家乡呼和浩特练拳，有许多人想跟他学习，他给陈照奎老师写信征求意见。陈照奎老师回信鼓励他推广太极拳，信中说："……从推广陈式太极拳来看，还是可以教的。因为一切还是需要在教学实践中边教、边学、边总结，以达到教学相长，总结提高……如遇有什么问题，可随时来信说明，我一定尽力协助你解决。"得到老师的同意后妥木斯才正式教拳，他数十年无偿地精心授徒，徒子徒孙数千人，在徒弟中有七段数人，六段、五段数十人，部分弟子在全国性比赛中获得过好成绩。比如，在1989年云南昆明"首届全国太极拳推手比赛"中，弟子张明科获得80公斤级亚军，赵继光获得65公斤级亚军，黄雁平获得75公斤级第三名。1991年，在北京体育大学举办的"第二届全国太极拳推手比赛"中，弟子张明科获得80公斤级亚军。为在祖国北疆更好地推广陈式太极拳，妥木斯于1993年9月在呼和浩特市成立"内蒙古陈式太极拳研究会"，广泛传授老师的"陈式太极拳一路"和"推手"，到目前为止，和他直接或间接学习的已有几千余人。

妥木斯以科学的研究态度去面对太极拳及各类运动。面对20世纪80年代"气功热"和五花八门的锻炼热潮，他在《武魂》杂志陆续发表《生命在于调节——由太极拳能否长寿说起》《丹田内转的生理效益》等文章，为广大太极拳爱好者解答具体问题。他还先后录制了《陈式太极拳一路讲解》《陈式太极拳推手及应用》《陈式太极拳擒拿术》等内部教学视频资料。如今已有86岁高龄的妥木斯先生还坚持每年在"内蒙古陈式太极拳研究会"年会上给大家讲太极文化并亲自做示范。为纪念恩师陈照奎诞辰90周年及其武学精神，妥木斯以当年和老师拍摄的图片和自己绘制的资料为基础编写的《陈式太极拳推手与拿法》一书现正式出版，相信此书的出版对于陈式太极拳的推广和传播将起到极大的推动作用。

妥木斯以太极拳实践进入太极文化的内在境界，使自己的精神世界始终处于中国传统文化的精神深处。与他卓越的艺术造诣和太极功夫相对应的，就是他的淡泊名利，他从不张扬、很少接受媒体采访，谢绝一切炒作，深居简出。妥木斯为先师作图拍照一事，至今从不与人谈，在这各类太极大师泛滥的唯有炒作的当代，他的文化意义是绝无仅有的。从中可以看到妥木斯不同凡响的个人气质和太极拳造诣，因为文化上的深厚修养，加上他数十年风雨无阻、执着严苛的修炼，用亲身体会，潜心研究，不断总结，不断升华，是真正的学者型武术家。其求真务实的科学态度给学子们树立了典范，他在哪里，哪里就有气场，可能只有如此境界，他的人生才能够到达自我实现的顶峰。

正是由于妥木斯先生的努力开拓和卓越成就，陈式太极拳在内蒙古地区得到广泛的流传。寻其根源，正如妥木斯所说：指导我对艺术作品的构思与制作的，是中国哲学的"无过与不及"，是"中庸之道"的思维。把"中庸之道"理解或说成中间状态、中间路线或无创造精神、保守等观念是错误的，把做事掌握到最佳状态的追求才是其真实含义。画画和练太极拳已伴随了妥木斯半个多世纪，他作为武学大家，文武双全，并带出德才兼备的一批太极拳师。他正直的人品和深厚的修养，将能够影响更多的文化人才。